捏造だらけの『日本書紀』

関裕二

宝島社

凡例

- 『日本書紀』とは、六国史のひとつで勅撰の歴史書。三十巻よりなり、漢文・編年体で書かれた、神代〜持統天皇（七世紀）までの基本文献史料。
- 養老四年（七二〇）、舎人親王らが撰進したと伝えられるが、藤原不比等が大きくかかわったとする有力な説があり、筆者もこの考えをとる。
- 現代語訳にあたり、『日本古典文学大系　日本書紀（上・下）』（岩波書店）、『新編日本古典文学全集　日本書紀（一〜三）』（小学館）などの注釈書、また先学諸氏の『日本書紀』の研究書を参考にさせていただいた。
- 引用文中の読み仮名は現代仮名遣いとした。

捏造だらけの『日本書紀』◎目次

本文デザイン＆DTP制作：加藤敦之（FROGRAPH）
写真＆原図：関 裕二
校正：鈴木 薫

はじめに

せっかく古代史に興味をもち、謎に挑みたいと思うのなら、いつかは『日本書紀《にほんしょき》』や『古事記《こじき》』の原文を読みたいものだ。だいたい、この二冊を読破しなければ、学者が何を述べているのか、本当は何もわからないのである。

ただそうはいっても、いきなり古典文学全集の『日本書紀』（たとえば岩波書店の『日本古典文学大系』は上・下巻ある）をそろえても、なんの役にも立たない。最低三回読み直さなければ、全体像がつかめてこないだろう。それにかかる時間といったら……。

ならば、現代訳を読めばよいではないかと思われよう。だが、これは不思議なことなのだが、現代訳をいくら読み返しても、なぜか「臨場感」が沸いてこないのだ。古代史の謎は、原文（読み下しで十分だが）に接してはじめて、「ああ、ここに嘘《うそ》が書いてあるな」と、ピンとくるものなのだ。

古代史など、謎と謎解きがなければ、ただただ退屈なだけだ。

だいたい、はじめて『日本書紀』や『古事記』を読まれる方は、神話《しんわ》の一行目からページをめくりだすため、挫折するのだ。神々の名を覚えているうちに、猛烈な睡魔《すいま》に襲われてしまうのがおちである。

古代史の真実を知りたいというのなら、そして古代史を楽しみたいというのなら、まず七世紀の記事から、『日本書紀』を読むべきだ。なぜなら、『日本書紀』は七世紀の歴史を隠すために記されたものだからだ。真実をねじ曲げるためにカラクリが構築されたが、精巧につくられているがゆえに、ヤマト建国の段階から、歴史を書き換える必要が出てきてしまったのだ。

つまり、神話も、『日本書紀』の歴史捏造《ねつぞう》、改竄《かいざん》のためのトリックにすぎなかったのだから、神話の意味も、七世紀の歴史から遡《さかのぼ》っていかなければならない。じつは、このコツさえ覚えてしまえば、『日本書紀』は、あっというまに読めてしまうに決まっている。

本書は、『日本書紀』を独自の視点から読み解いていく。時代を前後しながら、『日本書紀』原文をやさしい現代文に直しつつ、テーマごとに、筆者ならではの解説を加え、古代史解明のヒントを探っていくものである。古代史の謎を解く鍵《かぎ》を握った人物と事件を、徹底的に洗い出し、『日本書紀』原文を読むための、コツを伝授したい。

関　裕二

装幀＝萩原直樹

第一章

古代史を塗り替えた大事件

戊申、天皇御大極殿。古人大兄侍焉。中臣鎌子連知蘇我入鹿臣為人多疑、昼夜持剣、而教俳優、方便令解。入鹿臣咲而解剣、入侍于座。倉山田麻呂臣進而読唱三韓表文。

於是中大兄戒衛門府、一時倶鏁十二通門、勿使往来。召聚衛門府於一所、将給禄。時中大兄即自執長槍、隠於殿側。中臣鎌子連等持弓矢而為助衛。使海犬養連勝麻呂授箱中両剣於佐伯連子麻呂与葛城稚犬養連網田曰、努力努力、急須応斬。子麻呂等以水送飯、恐而反吐。中臣鎌子連嘖而使励。倉山田麻呂臣恐唱表文将尽、而子麻呂等不来、流汗浹身、乱声動手。鞍作臣怪而問曰、何故掉戦。山田麻呂対曰、恐近天皇、不覚流汗。

中大兄見子麻呂等畏入鹿威、便旋不進曰、咄嗟、即共子麻呂等、出其不意、以剣傷割入鹿頭肩。入鹿驚起。子麻呂運手揮剣、傷其一脚。入鹿転就御座、叩頭曰、当居嗣位、天之子也。臣不知罪。乞垂審察。天皇大驚、詔中大兄曰、不知所作。有何事耶。中大兄伏地奏曰、鞍作尽滅天宗、将傾日位。豈以天孫代鞍作乎。（蘇我臣入鹿更名鞍作。）天皇即起入於殿中。佐伯連子麻呂・稚犬養連網田、斬入鹿臣。是日雨下潦水溢庭。以席障子覆鞍作屍。

古人大兄見走入私宮、謂於人曰、韓人殺鞍作臣。（謂因韓政而誅。）吾心痛矣。

即入臥内、杜門不出。中大兄即入法興寺、為城而備。凡諸皇子・諸王・諸卿大夫・臣・連・伴造・国造、悉皆随侍。使人賜鞍作臣屍於大臣蝦夷。於是漢直等総聚眷属、擐甲持兵、将助大臣設軍陣。中大兄使将軍巨勢徳陀臣以天地開闢君臣始有説於賊党、令知所起。於是高向臣国押謂漢直等曰、吾等由君大郎応当被戮。大臣亦於今日明日立俟其誅決矣。然則為誰空戦、尽被刑乎。言畢解剣投弓、捨此而去。賊徒亦随散走。己酉、蘇我臣蝦夷等臨誅悉焼天皇記・国記・珍宝。船史恵尺即疾取所焼国記而奉中大兄。是日、蘇我臣蝦夷及鞍作屍許葬於墓、復許哭泣。

皇極四年（六四五）六月十一日

出典：『新編日本古典文学全集　日本書紀』（小学館）による。

一　蘇我本宗家が滅亡した「乙巳の変」

『日本書紀』を読むための『古事記』

『日本書紀』を読みはじめる前に、ひとつだけ確認しておきたいのは、『日本書紀』は正《せい》史《し》で、『古事記』は正史ではない、ということだ。

　正史とは、朝廷の記した正式な歴史書のことである。『古事記』序文には、天武《てんむ》天皇が編纂《へんさん》を命じたと記されているが、だからといって、正史の扱いは受けていない。それに、江戸時代中期の国学者本居宣長《もとおりのりなが》（三十五年間を費やして大著『古事記伝』を執筆）に注目されるまで、『古事記』は無名の文書だった。

　もうひとつ、これはとても不思議なことなのだが、『古事記』は推古《すいこ》天皇の時代で、筆を擱《お》いている。七世紀前半まで書いて、記述をやめてしまったのだ。『古事記』序文には八世紀初頭にこの文書が記されたと明記されているから（これを信じるならば）、なぜか「よく知っている数十年の歴史」をわざわざ切り捨ててしまったことになる。

また『古事記』は、六世紀前半の継体《けいたい》天皇出現ごろから推古天皇に至るまでの詳しい歴史を省略し、天皇の系譜《けいふ》や宮《みや》の所在を述べるだけなので、実質的に『古事記』は六世紀から七世紀にかけての二百年近い「同時代史」を無視していることになる。『古事記』はまさに、「古き事を記した」「大昔の話を書いた」本なのである。

六世紀から七世紀こそ、われわれにはもっとも面白い、ハラハラドキドキの激動期なのに、クライマックスを省略してしまったのはなぜだろうか。『古事記』編纂者はいったい何を考えていたのだろうか。

筆者は、『古事記』の不自然な沈黙に、ある「意図」を感じる。それは、「わざと書かなかった」ということであり、「真相を書けば、『日本書紀』と矛盾する」ことを、「沈黙」という手段によって、後世に知らしめようとしたのではなかったか。

なぜそのような回りくどい方法をとったかといえば、権力者の欺瞞《ぎまん》や真実の歴史を暴《あば》けば、命がいくつあっても足りなかったからだろうし、告発の書は、焼かれて捨てられたからだろう。

もっとも、少し歴史に詳しい方なら、「『古事記』は『日本書紀』よりも早く完成していたのではないのか」と、疑念を抱かれよう。たしかに、『古事記』序文にはそのように書いてある。

けれども神話の構造から考えて、『古事記』は『日本書紀』のあとに書かれた文書であった可能性が高いという指摘があり、筆者もこれを支持する（拙著『古事記逆説の暗号』東京書籍を参照）。

もし『古事記』の沈黙が巧妙な暗示なら、『日本書紀』の六世紀から七世紀の記事の中に、嘘やデタラメが散らばっていて、それを「暴いてほしい」と、『古事記』編纂者は訴えているように思えてならない。

これは、命を懸《か》けた訴えであり、それに応えなければ、やぼというものである。

つまり、『日本書紀』を七世紀から読みはじめよう、と筆者が述べたのは、『古事記』の編纂者が「そうしてくれ」とわれわれに訴えているように思えてならないからである。

蘇我氏の専横を書き立てる『日本書紀』

『古事記』が沈黙を守った六世紀から七世紀にかけて、いったいヤマトで何が起きていたのだろうか。

重要なことは、この時代が「蘇我氏《そがし》が勃興《ぼっこう》し、全盛期を迎えたのちに滅ぼされる時期」

にあたっていることだ。

そして、蘇我氏を滅ぼした藤原氏《ふじわらし》が、朝堂《ちょうどう》のトップに上りつめた八世紀前半に『日本書紀』が編纂され、「古代史の英雄＝藤原氏」「古代史の大悪人＝蘇我氏」という図式が構築された点に注目する必要がある。『日本書紀』は藤原氏の一方的な勧善懲悪《かんぜんちょうあく》の世界であり、権力争いに敗れ去った者たちの声は、封殺されているのである。

蘇我氏全盛期が悪夢の時代であったことを、『日本書紀』はいくつもの具体例を出して、訴えている。たとえば、皇極《こうぎょく》元年（六四二）是歳《ことし》の条がある。

この年に、蘇我大臣蝦夷《そがのおおおみえみし》は、自分の祖廟《そびょう》を葛城《かつらぎ》の高宮《たかみや》に建てて、八佾《やつら》の舞《まい》を行った（祖廟も八佾の舞も、中国では天子のみに認められた特権であった）。そして、蘇我氏が天下を掌握するために、軍備を整えようと意気込んでいる様子を伝える、次のような歌を蝦夷が詠《うた》った。

大和《やまと》の　忍《おし》の広瀬《ひろせ》を　渡《わた》らむと　足結手作《あよひたづく》り　腰作《こしづく》らふも
（大和の忍海《おしみ》の曽我川の広瀬を渡ろうと、足結を結び、腰帯を締めて整えることだ）

また、国中の民のなかから、百八十の部曲《かきべ》（豪族の私有民）を徴発し、今来《いまき》（奈良県吉野郡大淀町《おおよど》今木）に双墓《ならびのはか》（円墳を二つ並べたものか）を造り、ひとつを大陵《おおみささぎ》といい、大臣（蘇我蝦夷）の墓とし、もうひとつは小陵といい、入鹿臣《いるかのおみ》（蘇我入鹿）の墓にした。死後、人の手を煩わせたくなかったからだ。

さらに、上宮王家《じょうぐうおうけ》（聖徳太子《しょうとくたいし》の末裔《まつえい》）の乳部《みぶ》の民《たみ》（皇子や皇女の出産や養育のために与えられた民）を集めて、墓地造営の労役に従事させた。上宮大郎姫王《かみつみやのおおいらつめのひめみこ》（聖徳太子の娘）は激怒し、嘆き、次のように述べた。

「蘇我臣は国政をほしいままにし、礼を失している。天に二つの陽《ひ》はなく、国に二人の王はいない。なぜ勝手に、上宮王家の民を使役したのだろう」

このように、蘇我本宗家は恨みを買い、滅亡の原因となった。

皇極二年（六四三）十月六日、蘇我大臣蝦夷は病のため参朝《さんちょう》できなかった。そしてあろうことか、ひそかに天皇の許しを得ることもなく、紫冠《むらさきのこうぶり》を子の入鹿に授けて、大臣の位になぞらえてしまった。また、入鹿の弟を物部大臣《もののべのおおおみ》と呼んだ。大臣の祖母は、物部弓削大連《もののべのゆげのおおむらじ》の妹で、彼女の財力によって、蘇我本宗家は大きな顔をしていられた。

十二日、蘇我入鹿はひとりで謀略を立て、上宮王家を滅ぼし、古人大兄皇子《ふるひとのおおえのみこ》を天皇に

聖徳太子、山背大兄王、蘇我氏の系譜

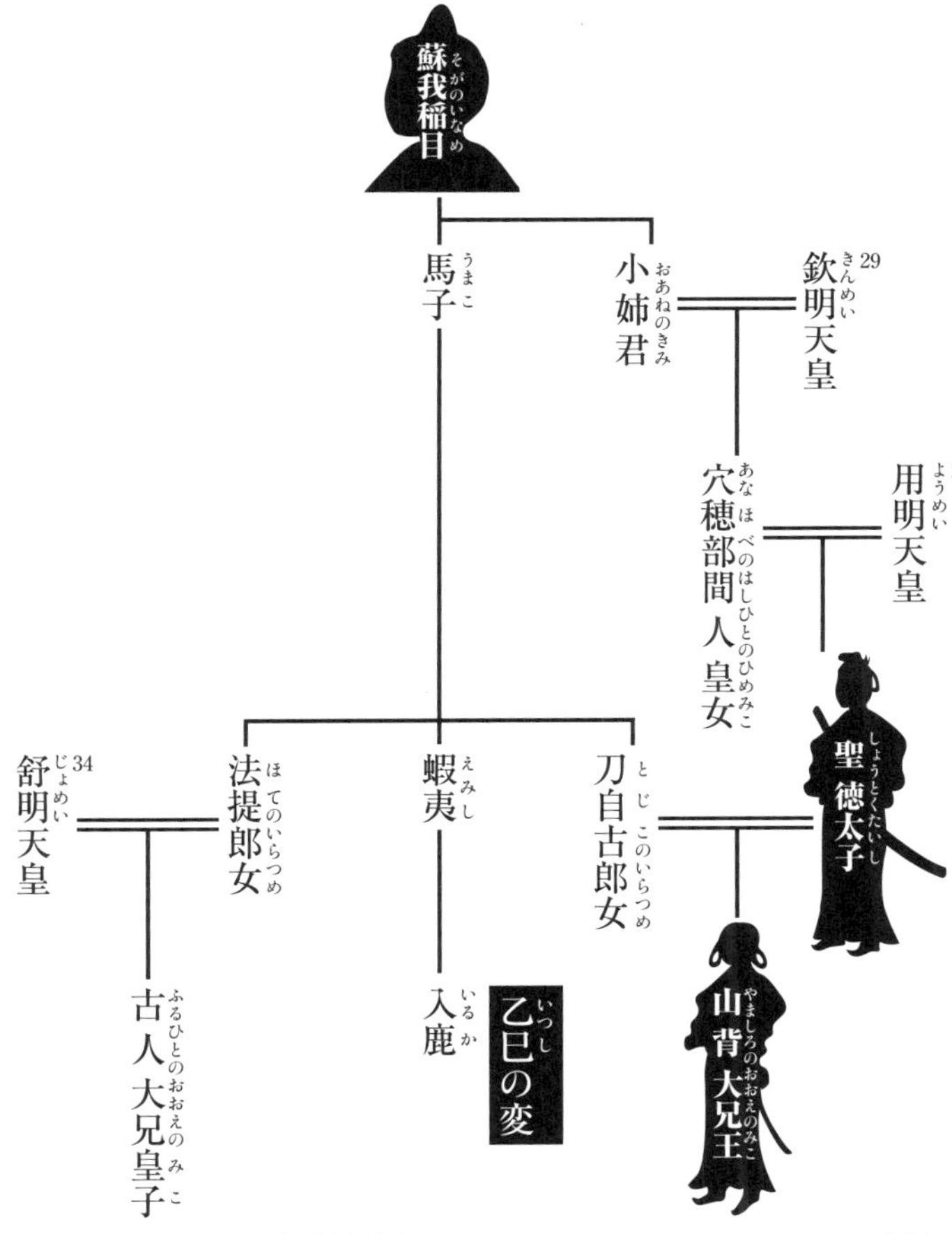

蘇我本宗家が滅び、大化改新《たいかのかいしん》という行政改革が成し遂げられた。「乙巳《いっし》の変《へん》」は、蘇我氏の内紛と捉えることも可能だ。

立てようと考えた。
このとき、次のような謡歌《わざうた》（社会情勢を諷刺《ふうし》する歌謡）が記されている。

岩《いは》の上《へ》に　小猿米焼く《こさるこめや》　米《こめ》だにも　食《た》げて通《とほ》らせ　山羊《かましし》の小父《をぢ》

（岩の上で小猿が米を焼いている。せめて、焼いた米だけでも食べていらっしゃいな山羊の小父さま……。春の豊饒《ほうじょう》を願う予祝行事で詠われた歌と思われる。山羊〈かまししはカモシカの古称〉の小父は、山の神であり、その神に焼いた米を捧げるという意味。なお、『日本書紀』の分注には、次のようにある。「上宮王家の評判の高いこと、天下にそれが知れ渡っていることを蘇我入鹿が憎み、分をわきまえず、奢《おご》り立つことを謀った」）

これが『日本書紀』の記す、蘇我本宗家の専横の様子である。
これからしばらくたって、皇極二年十一月、蘇我入鹿は斑鳩宮《いかるがのみや》に軍勢を送り込み、上宮王家を滅亡に追い込んでいる。その様子は、のちにふたたびふれるが、蘇我氏の専横が、もっぱら聖徳太子の末裔に大きな被害をもたらしたという事実を、『日本書紀』は強調していることを、まず覚えておいてほしい。

蘇我入鹿暗殺の場面

六世紀から七世紀は、中央集権国家建設の時代だった。弱いヤマトの王家が、強い王に脱皮しようと模索した時代でもあった。

かつて、三世紀後半のヤマト建国は、強い王の征服劇だと信じられていた。しかし、考古学の突きつける資料によって、まったく違う状況がみえてきた。ヤマトの王は、各地の首長層が手弁当で寄り集まって擁立《ようりつ》していたらしいことがわかってきたのだ。そして、ヤマトに生まれた前方後円墳《ぜんぽうこうえんふん》（世界最大の面積を誇る日本固有の墳墓でヤマト朝廷のシンボル）という新たな祭祀《さいし》形態を、各地の首長たちが受け入れることによって、ゆるやかな連合国家が生まれたのである。

けれども五世紀になると、ヤマト朝廷は国際情勢に翻弄《ほんろう》されるようになっていたので、迅速で断固とした意思決定を求められた。こうして次第に、ヤマト朝廷は、中央集権国家建設に向けて舵《かじ》を取っていったのである。

けれども、改革事業は遅々として進まなかった。それはなぜかといえば、豪族たちが土地と民を私有し、手放そうとしなかったからだ。それどころか、彼らは新たな領土を求めて、互いに競い合い、争いは絶えなかった。既得権益を振りかざし、改革に邪魔立てする人々も現れたのだが、その代表例が蘇我氏だったと、『日本書紀』はいうのだ。そして、蘇我本宗家（蘇我馬子《うまこ》、蝦夷、入鹿）は専横を極め、これを王家の危機と感じた中臣《なかとみの》（藤原）鎌足《かまたり》は、同志を物色し、中大兄皇子《なかのおおえのみこ》と手を組んだ。そして皇極四年（六四五）、「乙巳《いっし》の変《へん》」が勃発する。飛鳥板蓋宮《あすかいたぶきのみや》で蘇我入鹿は暗殺され、直後に父蝦夷も自害して果てる。改革事業の障壁となり、王家をないがしろにした蘇我本宗家は、ここに滅亡した。正義の勝利である。

ところが、『日本書紀』をひもとくと、奇妙な事実に気づかされる。中臣鎌足の行動が不自然なのだ。

そこで、『日本書紀』巻第二十四天豊財重日足姫天皇《あまとよたからいかしひたらしひめのすめらみこと》（皇極天皇）の蘇我入鹿暗殺現場の記事をみてみよう。

六月十一日、三韓《さんかん》（高句麗《こうくり》、百済《くだら》、新羅《しらぎ》）の調《みつぎ》（貢納物）が進上される日、皇極天皇は飛鳥板蓋宮大極殿《だいごくでん》にお出ましになった。蘇我入鹿が次の皇位にと願う古人大兄皇子は、そばに控えている。

蘇我入鹿が暗殺された舞台と言い伝えられている飛鳥板蓋宮の跡地（奈良県高市郡明日香《あすか》村）。

中臣鎌足は蘇我入鹿の疑い深い性格を熟知していたので、俳優《わざおぎ》を用意していた。俳優がおどけてだまして剣を取り上げたのである。入鹿は思わず笑って、剣を預け、座に着いた。蘇我倉山田石川麻呂《そがのくらやまだいしかわのまろ》は、さっそく三韓の上表文《じょうひょうぶん》を読み上げはじめる。

このとき中大兄皇子は何をしていたかというと、宮城の護衛にあたっていた衛門府《えもんふ》に命じ、宮の十二の門をすべて閉じさせ、出入りを禁じた。また、衛門府の衛士《えじ》を一か所に集め、賞禄《しょうろく》を与えると伝えた。そうしておいて、自ら長槍《ながやり》を取って、宮殿の脇に隠れた。中臣鎌足は弓と矢を手に、事態を見守った。海犬養勝麻呂《あまのいぬかいのかつまろ》に命じて、佐伯子麻呂《さえきのこまろ》と葛城稚犬養網田《かつらぎのわかいぬかいのあみた》に剣を授け、

「油断せず、一気に不意をついて斬りかかれ」

と諭《さと》した。ところが二人は、水で飯を流し込んだところ、恐怖のあまり嘔吐《おうと》してしまった。鎌足は大声で叱責し、励ました。

一方、蘇我倉山田石川麻呂は、上表文を読み終えてしまうのに、なかなか佐伯子麻呂らが来ないので、焦りだした。声が乱れてしまい、それを蘇我入鹿が怪しみ、

「どうして震えているのだ」

と問うと、

「帝《みかど》の近くに侍《はべ》ることが恐れ多く、不覚にも汗をかいてしまいました」

と、何とか取りつくろったのだった。

そのときである。中大兄皇子は、佐伯子麻呂らが蘇我入鹿の威に圧倒され、おじ気づいてしまっているのを見て、

「咄嗟《やあ》！」

と掛け声をかけ、子麻呂らを促し、ともに不意をついて、入鹿に斬りかかり、頭と肩を裂いた。入鹿が驚いて立ち上がったところを、佐伯子麻呂が剣を振り回し、片足を斬った。すると蘇我入鹿は、皇極天皇ににじり寄り、そのわけを問いただした。すると天皇は、「私は知らない」と述べられ、息子の中大兄皇子に、事態の説明を求めた。そこで中大兄皇子は、次のように叫ぶ。

「蘇我入鹿は山背大兄王《やましろのおおえのみこ》の一族を滅ぼし、王位を狙っています。なぜ天孫の血統を蘇我入鹿に取って代わられるのを見過ごしておられましょうか」

皇極天皇はこれを聞き、観念したのかその場を離れた。そして蘇我入鹿は、斬り殺された。この日、雨が降り、水があふれ、庭は水浸《みずびた》しになった。蘇我入鹿の屍《しかばね》は、処刑者のよ

うに、ムシロや屏風《びょうぶ》で覆《おお》われた。

蘇我派の古人大兄皇子は、これを見て自分の宮に走って戻り、「韓人《からびと》（朝鮮半島や百済の人を指している）が鞍作臣《くらつくりのおみ》（蘇我入鹿のこと）を殺した。胸が痛い」と叫び、邸内に入り、門を閉ざして出てこなかった（『日本書紀』分注には、「韓人」について、「韓政《からのまつりごと》によって殺されたことをいう」とある。三韓の進上にかこつけて殺されたのか、あるいは、外交問題が原因で殺されたということだろう）。

中大兄皇子は飛鳥板蓋宮から法興寺《ほうこうじ》（飛鳥寺《あすかでら》）に移り、ここを軍事拠点に据えた。多くの皇族や諸卿《しょきょう》らが加勢するためにやってきた。中大兄皇子は人を遣わし、蘇我入鹿の屍を甘樫丘《あまかしのおか》の蘇我蝦夷に賜った。このとき、蘇我氏に付き従っていた漢直《あやのあたい》らは、眷属《けんぞく》（一族）を集め、鎧《よろい》で身を固め武器を持って蘇我蝦夷を助け、陣を敷こうとした。中大兄皇子は天地開闢《てんちかいびゃく》から君臣の区別があることを、巨勢徳陀臣《こせのとこだのおみ》を介して賊に教えさせ、立場をわきまえさせた。高向臣国押《たかむくのおみくにおし》は漢直らに、次のように語った。

「われらは、蘇我入鹿さまのために、殺されるだろう。大臣（蘇我蝦夷）も、また今日か明日には、誅殺《ちゅうさつ》されることは間違いない。それならば、誰のために空しく戦い、ことごとく処刑されるのだろう」

と言い、剣や弓を捨て、去っていった。賊徒もみな、ちりぢりに逃げていったのである。蘇我蝦夷らは誅されるとき、『天皇記』『国記《こっき》』、珍宝《ちんぽう》を焼いた。ただし、船史恵尺《ふねのふひとえさか》は咄嗟の判断で、火の中から『国記』を抜き取り、中大兄皇子に奉った。この日、蘇我蝦夷と入鹿の屍を墓に葬ることと哭泣《ねっかい》（喪中に、泣いてかたわらに寄り添うこと）することを許した。寛大な処置を施したわけである。

ところで、「乙巳の変」の一年前の皇極三（六四四）年六月是月《このつき》の条には、次のような話が記録されている。

国内の巫覡《ふげき》（男性のシャーマン）らが、小枝を折り取って木綿《ゆう》（幣《ぬさ》）をかけて、大臣（蘇我蝦夷）が橋を渡ろうとするときを見計らい、争って奇妙な神託の言葉を述べた。巫覡が多すぎて、何を言っているのか聞き取れなかった。老人らは、「時勢が変わる前兆だ」と噂《うわさ》し合った。時に、三首の謡歌《わざうた》が記される。

（一）遙々《はろはろ》に　言《こと》そ聞《きこ》ゆる　島《しま》の藪原《やぶはら》

（はるか遠くの方で、話す声が聞こえてくる。島の藪原で）

（二）遠方《をちかた》の　浅野《あさの》の雉《きぎし》　響《とよ》もさず　我《われ》は寝《ね》しかど　人《ひと》そ響《とよ》もす

（遠くの浅野の雉は鳴いて飛ぶが、私はこっそり静かに寝た。それなのに、人が騒がしい）

（三）小林《をばやし》に　我《われ》を引《ひ》入《き》れて　奸《せ》し人《ひと》の　面《おもて》も知《し》らず　家《いへ》も知《し》らずも

（林の中に私を引きずり込み、犯した人の、顔も家も知らないことだ）

ここで話は終わるが、「乙巳の変」の直後、この三つの謡歌について、ある人が解き明かして、次のように述べた。まず、第一の歌だ。「宮を島大臣《しまのおおおみ》（蘇我馬子）の家の隣に建て、中大兄皇子と中臣鎌足はひそかに大義を謀って蘇我入鹿を殺そうとした前兆」といい、第二の歌を、「上宮王家の人々が温厚で従順な性格ゆえ、罪もないのに蘇我入鹿のために殺された。自ら報いることはなかったが、代わって天が人に誅殺させる前兆」といい、第三の歌を、「蘇我入鹿が佐伯子麻呂ら刺客に斬り殺される前兆」だというのである。

二つのおおいなる疑問

これが、「乙巳の変」の経緯である。この事件を巡って疑問が二つある。それは、古人大兄皇子の嘆きと、中臣鎌足の立ち位置である。

第一におかしいのは、古人大兄皇子が、「韓人が蘇我入鹿を殺した」と叫んだのだが、

暗殺された蘇我入鹿の首がここまで飛んできたとされる入鹿の首塚（五輪塔《ごりんとう》）。この場所が法興寺（飛鳥寺）の西門だったことが発掘調査でわかった（奈良県高市郡明日香村）。

「韓人＝外国人」と解すれば、この記述は事実と矛盾することである。蘇我入鹿暗殺犯に、それらしき人は見いだせないからだ。だからだろう、『日本書紀』は分注を加え、「韓人」ではなく、「韓政」によって蘇我入鹿は殺されたのだと、言い方を変えている。通説はこの「韓政」を、「三韓の進上にかこつけて、暗殺された」と解釈するが、筆者はどうにも腑《ふ》に落ちない。

現実に朝鮮半島の三つの国が同時に調を進上することは、現実的ではないし、諸外国の使者が見守る目前で、クーデターを計画したという話も、さらに現実味がない。何かを隠すために、『日本書紀』は、このような設定を作り上げなければならなかったのではあるまいか。

そういえば、法興寺（飛鳥寺）の発掘調査の結果、法興寺（飛鳥寺）から甘樫丘に向かう西門が確認され、入鹿の首塚がちょうど脇に位置していたことがわかった。このため、蘇我入鹿はここで暗殺されたのではないかとする説がある（高野勉『聖徳太子暗殺論』光風社出版）。この見解はじつに魅力的で、現実味がある。蘇我入鹿は、法興寺（飛鳥寺）の西門を出た瞬間を狙われたのではなかったのか……。

蘇我入鹿は、「韓人＝外国人」に殺され、しかも「韓政」とは、外交問題を巡る主張の違いから命を狙われた、という意味ではあるまいか。

次に注目したいのが、中臣鎌足の立ち位置のことである。

中大兄皇子らは槍や剣を手に、蘇我入鹿に斬りかかろうとしていた。ところが、中臣鎌足はなぜか、弓矢を持っていたという。これは、ものすごく奇妙なことなのだ。

まず、中臣鎌足の地位を考えてみればよくわかるだろう。中大兄皇子が皇太子だったのに対し、鎌足は無位無冠である。月とスッポン、比べようがないほど、地位に開きがある。ところが、中大兄皇子が直接、蘇我入鹿に斬りかかったのに対し、中臣鎌足は、弓を持って遠くから傍観していたというのである。皇太子が体を張って賭けに出ていたというのに、無位無冠の鎌足が、もっとも安全な場所にいたのはなぜなのか。

この、現実味のない状況設定はいったい何だろう。

『日本書紀』は、権力者の弁明の書であり、多くの嘘が記事の中に散りばめられている。だが、こういう些細《ささい》なほころびから、真実が垣間《かいま》見えてくるはずなのだ。

なぜ中臣鎌足は弓を持って、暗殺劇を高見の見物としゃれ込んだのか。今まで謎ともみなされなかったこの事実を手がかりに、少しずつ『日本書紀』の裏側をのぞいてみよう。

二　大化改新で本当に改革事業は進展したのか

改革に歓喜した民たち

邪魔者蘇我本宗家が消えて、一気に改革事業は進展したというのが、『日本書紀』の言い分だ。蘇我本宗家滅亡と同時に皇極天皇が譲位、弟（軽皇子《かるのみこ》）が即位し、孝徳《こうとく》天皇となった。中大兄皇子は皇太子となった。

この帝《みかど》はすぐさま飛鳥《あすか》から難波《なにわ》に遷都《せんと》を敢行し、のちの平城宮《へいじょうきゅう》と遜色ない規模を誇る難波長柄豊碕宮《なにわのながらのとよさきのみや》（前期難波宮と呼ぶ）の造営を始めたのである。

都城の整備は中央集権国家づくりの「はじめの一歩」だから、孝徳天皇が改革を急いでいたことは間違いない。したがって、蘇我本宗家が改革の邪魔になっていたという『日本書紀』の記述は、間違っていなかったということになる。だが、これは本当だろうか。

そこで、蘇我本宗家が滅亡するまで、どのような弊害が潜んでいたのか、改新政府は、どのような改革を推し進めていったのか、『日本書紀』の主張をみてみよう。

難波宮跡（大阪市中央区）は、孝徳天皇が造営したもの（前期）と、聖武《しょうむ》天皇が造営したもの（後期）の2つの遺跡が重なっている。

大化元年（六四五）九月の条と、大化三年（六四七）四月の条には、次のような詔《みことのり》が記録されている。

（一）九月十九日、孝徳天皇は使者を諸国に遣わして、民の数を調べさせた。そして、次のように詔した。

「いにしえよりこの方、天皇の代ごとに名代《なしろ》の民（直轄領の民）をおいて、のちの世に名を残してきた。ところが臣《おみ》・連《むらじ》・伴造《とものみやつこ》・国造《くにのみやつこ》は、それぞれ自分の民をおき、思いどおりに使っている。また、山・海・林野・池・田を割《さ》いて自分のものにして、争い、戦いがやまない。ある者は、広大な田を合わせ持っているのに、ある者は針を刺すほどの土地ももっていない。調進するときに、その臣・連・伴造らは、真っ先に自分の取り分を懐《ふところ》に収め、その後、分けて進上する。宮殿を修理し墓を造るときは、おのおのが民を率い、事に応じ、仕事をしている。易《えき》には「上に損じ、下を益する。制度を守って運用すれば、財は失われず、民は傷つけられることはない」とある。今、百姓《おおみたから》は、貧しい。それにもかかわらず、勢いある者は、田畑を分け、自分のものにし、百姓に貸し与え、毎年地代を求めている。これから先、土地を貸すことを禁ずる。みだりに主となって、弱い者を支配してはならない」

（二）大化三年四月二十六日、孝徳天皇は、次のように詔した。

「皇祖《みおや》は神の道に従い、子孫に統治を委ねられた。これをもちて、天地《あめつち》のはじめより天皇が君臨してきた。神武《じんむ》天皇の時代から天下の民は等しく、平等だった。ところがこのごろ、神や代々の天皇の名から始まり、分かれて、臣・連の氏《うじ》となり、あるいは造などの名称となった。これにより、民心は、このような身分の差に固執し、自他を意識し、対立し、名を守ろうとしている。また、つたない臣・連・伴造・国造は、自らの姓《かばね》としている神や王の名を、勝手に思いつくままに、みだりに人々や場所につけている。神や王の名の人が賄《わい》賂《ろ》とされ、他人の奴婢《ぬひ》に入り込み、清い名を穢《けが》し、民心は動揺し、国の政事《まつりごと》も難しくなる。このゆえに、今は天の神の御心《みこころ》のままに天下を治めるべくときにあたり、このことを人々に悟らせたいのである」

（一）の詔は、土地と民を収奪し、搾取する豪族たちの姿を、（二）の詔は、「氏」の論理が優先されて、神代《かみよ》から続いた秩序が乱れ、氏族たちが互いに競い、私利私欲に駆《か》られて争っていることを今に伝えている。

（一）では、これからはわがままを許さないと、孝徳天皇は宣言し、百姓たちはおおいに喜んだ、というのである。

（二）の「氏の論理」を理解していただくには、少し説明が必要だ。

「律令《りつりょう》制度」が導入される直前まで続いていたのが、「氏姓《しせい》制度」である。

蘇我氏や物部氏といった氏は、「氏上《うじのかみ》」を頂点とする大きなピラミッド状の組織で、氏上のもとに、多くの「氏人《うじびと》」が集まった。

たとえば、蘇我馬子、蘇我蝦夷らを「蘇我本宗家」といっているのは、「蘇我氏」のなかの本家が「蘇我本宗家」だからだ。そして、蘇我馬子や蘇我蝦夷は氏上にあたる。

氏上のもとに集まる氏人は、共通の祖先をもつ血縁だけではなく、血のつながりのない者たちも含まれた。氏上はシンボルの「氏神《うじがみ》」を祀《まつ》り、氏人を統率し、一族を代表して朝政に参画し、天皇から姓を下賜された。物部連の「連」や、蘇我臣の「臣」が姓で、世襲される「公的地位」である。

高い位にある代表的な「姓」の「臣」と「連」の意味は、次のとおり。

「臣」は、「皇別《こうべつ》」で、天皇から分かれた氏族だった。「連」は「神別《しんべつ》」で、神代から続く由緒正しい豪族だが、王家とは血縁関係にない人々だ。朝廷に労役、生産物の貢納を行う品部《しなべ》を統率する伴造である。

要するに、氏姓制度は単なる「名前にまつわる規則」にとどまらない、天皇を頂点とする族制的国家秩序そのものであった。

氏の制度がわかってくると、（二）の詔も、鮮明にみえてくる。「姓」や「領土」は世襲化されたから、人々は姓や既得権益にしがみつき、勢いを増して、他の豪族と覇《は》を競っていたわけだ。当然、制度疲労を起こし、民は疲弊していた。だから、孝徳天皇の示したビジョンに、歓喜したということになる。

また、このような既得権益に守られた豪族たちのエゴを放任し、自らも甘い汁を吸っていたのが蘇我氏だったと、『日本書紀』はいいたいのだろう。そして、「乙巳の変」で蘇我本宗家を滅ぼし、ようやく夜明けがやってきた、というのである。

重視された東国国司の役割

孝徳天皇が即位したあと、制度史を塗り替えるような重要な詔が、次から次へと発せられている。

大化元年（六四五）八月五日、東国八道の国司《こくし》の任命と、任務にまつわる詔が発せられた。その内容は、以下のとおり。

八月五日、東国の国司を任命した。そのうえで、次のように詔した。

「天神《あまつかみ》の委ねられる御心のままに、今はじめて、万国《ばんこく》（日本のすべての地域）を治めようとしている。おまえたちが赴き、国家のすべての公民と大小の豪族の属する人々の戸籍を作り、田畑を検校《けんぎょう》せよ。その園池水陸の利は、民とともに分配しなさい。国司には裁判をする権利はない。他人から賄賂を受け取って、民を困窮させてはならない。京に上るときは、大勢の民を従えてはならない。ただ、国造と郡領を連れてくるのはよい。公の用向きで往来するときは、馬に乗り食事をすることができる。（中略）もし、名（名声）を求める人がいて、もともと国造、伴造、県稲置《あがたのいなき》（それぞれの地域を管轄する地方行政官）ではないにもかかわらず、偽って「われらが祖の時代から、この官家《みやけ》を預り、治めています（私どもは、天皇の直轄領の管理を委任されていた）」と申し出てきても、そのまま信じて、朝廷に報告することはないように。実情をよく調べて報告しなさい。空き地に武器庫を建造し国と郡《こおり》の武器を集め、辺境の国で蝦夷《えみし》たちと接した場所では、武器を集め数を調べたうえで、持ち主に仮託しなさい」

これが、派遣された東国国司らに対する孝徳天皇の詔だった。要点をまとめれば、以下のとおり。

(一)任地に赴き、戸籍を作り、農地の調査をすること。

(二)評《こおり》(それまで国造が治めていた地域を分解して、新しい行政単位をつくろうとしたが、その行政組織を評という。郡の前身)の官人の任官希望者を調査し、報告すること。

(三)在地の首長らが所有する武器を集め、武器庫を造り、国家の管理下におくこと。

孝徳天皇が東国に国司を派遣し、真っ先に新しい政治を広めようとしたのは、東国に天皇家の直轄領が多かったこと、また東国が歴史的にヤマト朝廷に協力的だったからとされている。

そして、それまで豪族らが好き勝手にやっていた地方行政を、国家が直接管理しようと舵を取ったわけである。

本当に改革事業は進んでいたのか

大化改新《たいかのかいしん》といえば、大化二年（六四六）一月一日の「改新之詔《かいしんのみことのり》」がよく知られている。もちろん、この詔が難波宮で発せられて、律令制度が始まったと『日本書紀』はいうのである。

四条からなる「改新之詔」の内容をまとめると、次のようになる。

（一）子代《こしろ》・官家、臣・連・伴造・国造・村首《むらのおびと》の所有する部曲《かきべ》の民と豪族の田地を廃止し、大夫《まえつぎみ》以上の者に食封《じきふ》（朝廷から豪族に支給される一種の給料）を、それ以下の者にも禄《ろく》（布《ふ》帛《はく》）を与える。［部民《べみん》制と屯倉《みやけ》制の廃止］

（二）京師《みやこ》の制度（都と地方支配の制度）を定める。国司・郡司・防人《さきもり》・駅馬《えきば》・伝馬《てんま》をおき、国境を画定する。［民を各地域ごとに編成し直す］

（三）戸籍・計帳《けいちょう》・班田収授法《はんでんしゅうじゅのほう》を作る。［班田収授法を定め、民に田を支給し、余剰収穫物を税として徴収しようというもの］

（四）それまでの賦役《ふえき》をやめ、新たな税の仕組みを作る。［租税の統一］

このように『日本書紀』の記述をみてくれば、蘇我本宗家の滅亡後、孝徳天皇ら改新政府は一気に改革事業を推し進めたことになる。

ただし、中央政府が「改革を実行する！」と宣言したからといって、何もかもがすんなり動くとは限らない。事実、古代史学界の一般的な考えは、「順調に律令整備が進捗《しんちょく》していたとは考えられない」というものだ。

仮に、改革事業への第一歩が踏みだされていたとしても、すぐに制度が整ったわけではないのである。たとえば「改新之詔」の中には、後世になって使われるようになった用語が混じっているため、この記述は、中大兄皇子や仲間の業績を礼讃するために、『日本書紀』編纂者が書き加えた可能性も出てくる。

では、大化改新を、どのように評価すればよいのだろうか。

そこで注目しておきたいのは、東国に遣わされた地方官、つまり国司たちの顔ぶれである。

それは穂積臣《ほづみのおみ》、巨勢臣《こせのおみ》、紀臣《きのおみ》、阿曇連《あずみのむらじ》、大市連《おおいちのむらじ》、羽田臣《はたのおみ》、田口臣《たぐちのおみ》、平群臣《へぐりのおみ》の八名で、このうち大市連以外はみな中央豪族で、しかも五氏は、建《たけ》（武）内宿禰《うちのすくね》の末裔を自称する蘇我系豪族であった。

六世紀来、屯倉（官家。ヤマト朝廷の直轄地）の拡充と管理に蘇我氏はおおいに活躍してきたから、その伝統が継承されたということなのだろうか。しかし、蘇我本宗家は守旧派で、彼らがいなくなったから改革事業が急速に進展したというのなら、なぜこれだけの蘇我系豪族を重用し、大切な東国に派遣することがあったのだろうか。

だいたい蘇我氏は、東国と強く結ばれていたものだ。たとえば、蘇我入鹿の父は「蝦夷」で、これは東方の野蛮人を意味する。七世紀の蘇我本宗家は、盛んに蝦夷たちを都で饗応しているし、東国の屈強の兵士をガードマンとして重用している。このような蘇我氏の東国に広がった人脈を、改新政府が利用したというのだろうか。

このあたりに、これまで語られてこなかった秘密が隠されているのではあるまいか。

三　謎だらけの「上宮王家滅亡事件」

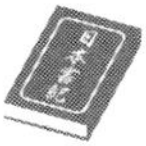

「上宮王家滅亡事件」の経過

蘇我入鹿暗殺現場で、中大兄皇子は「蘇我入鹿は上宮王家（山背大兄王とその一族）を滅亡に追い込んだではないか！」と叫び、暗殺の正当性を訴えている。山背大兄王は聖徳太子の子で、蘇我入鹿は聖者殺しをした、ということになる。けれども、『日本書紀』に記録された「上宮王家滅亡事件」そのものが、うさんくさい。

この事件は、皇位継承問題に端を発していた。推古天皇は田村皇子《たむらのみこ》（こののちに即位する舒明《じょめい》天皇）と山背大兄王に遺言を残すのだが、どちらの即位を願っていたのか、じつに曖昧な内容だった。しかも、山背大兄王は「話は誤って伝えられている」と述べ、混乱に拍車をかけた。

そんななか、蘇我蝦夷は田村皇子を推し、蘇我の傍流境部摩理勢《さかいべのまりせ》は山背大兄王を推すという、蘇我氏の内紛へと発展したのだった。結局、蘇我蝦夷が境部摩理勢を殺害し、皇位は田村皇子のもとに転がり込んだ。

その後も山背大兄王は有力な皇位継承候補だったが、蘇我本宗家は舒明天皇の皇子で蘇我氏を母にもつ古人大兄皇子を推戴《すいたい》しようともくろんだ。山背大兄王が邪魔になった蘇我入鹿は、皇極二年（六四三）十一月一日、巨勢徳陀臣と土師娑婆連《はじのさばのむらじ》を斑鳩に遣わし、上宮王家を襲わせたのである。

『日本書紀』の「皇極紀」は、事件の経緯を、次のように記録している。

十一月一日。急襲された山背大兄王の側からは、奴《やっこ》（下男）の三成《みなり》と数十人の舎人《とねり》が進み出て戦った。すると、土師娑婆連に矢が当たり戦死した。蘇我入鹿の軍勢は、おじ気づき退却したが、「一騎当千《いっきとうせん》というのは、三成のような者をいうのか」と語り合った。

すかさず山背大兄王は、馬の骨を取り寝殿に投げ置き、一族を率いて生駒山《いこまやま》（奈良県と大阪府の県境にある）に逃れた。三輪文屋君《みわのふみやのきみ》、舎人田目連《とねりのためのむらじ》とその娘、菟田諸石《うだのもろし》、伊勢阿部《いせのあべの》堅経《かたふ》が従った。巨勢徳陀臣らは、斑鳩宮を焼き、灰の中に骨を見つけて、山背大兄王は滅んだと信じ込んだ。こうして、囲みを解いて、退却したのだった。

一方、山背大兄王たちは、四〜五日の間、山にとどまり、飲食もできないでいた。その

蘇我入鹿により、山背大兄王とその一族が滅亡させられた「上宮王家滅亡事件」の舞台となった法隆寺（斑鳩寺。奈良県生駒郡斑鳩町）。

とき、三輪文屋君は進み出て、

「願わくは、深草屯倉《ふかくさのみやけ》（山城国紀伊郡深草郷。現在の京都市伏見区）に移られ、そこから馬に乗り東国に至り、乳部（山背大兄王の土地があったのだろう）を本拠地にして、兵を起こし、戻ってきて戦いましょう。そうすれば、かならず勝利できるでしょう」

と申し上げた。ところが山背大兄王は、次のように語っている。

「おまえが言うようにすれば、たしかに勝てるだろう。ただし私は、少なくとも十年、百姓を使役したくない。わが身のために、万民を煩わせることができようか。また、のちの世に、私のために父母を失ったといわれたくない。なぜ、戦いに勝ったときに丈夫《ますらお》と称賛されるのだろう。そうではなく、身を捨てて国を固める者も、また丈夫ではないだろうか」

そうこうしているうちに、生駒山に隠れていることが、人に見つかってしまった。蘇我入鹿に報告され、入鹿はおおいに恐れ、兵を挙げることにした。高向臣国押に、

「早く山に向かい、王たちを捕らえてくるように」

と言うと、国押は、

「私は天皇の宮を守っておりますので、外に出ることはできません」

と断った。そこで蘇我入鹿は自ら赴《おもむ》こうとしたが、古人大兄皇子が息を切らせて駆けつ

け、「どこに行くのか」と問いただした。入鹿は事情を説明すると、古人大兄皇子は、

「ネズミは穴に隠れて生き、穴を失うと死ぬという（蘇我入鹿をネズミになぞらえたわけだ）」

と述べられた。

このため蘇我入鹿は思いとどまり、将軍を生駒山に向かわせた。ただし、山背大兄王一行を見つけることはできなかった。

山背大兄王はこのとき、生駒山を下り、法隆寺（斑鳩寺）に入っていた。将軍たちはふたたび法隆寺（斑鳩寺）を囲んだ。ここに山背大兄王は、三輪文屋君を介して将軍たちに、次のことを伝えさせた。

「私は兵を起こして蘇我入鹿を討てば、勝つことはわかっている。しかし、私自身のことで、民を傷つけたくない。だから、私の体は、蘇我入鹿にくれてやる」

そうしてついに、山背大兄王は子弟や妃《きさき》らとともに、自ら首をくくって亡くなられた。ちょうどこのとき、数々の伎楽《ぎがく》を伴い、五色の幡蓋《はたきぬがさ》（旗と笠《かさ》）が空を照り輝かして、寺の上空に垂れ下がった。人々は仰ぎ見て嘆き、蘇我入鹿に指し示したが、たちまち黒雲に変じ、入鹿は見ることができなかった。

蘇我入鹿の父蝦夷は、「上宮王家滅亡事件」を知り、怒り罵り、次のように語った。

「ああ、入鹿ははなはだ愚かにして、暴虐なことをしてくれたものよ。おまえの命も、危うくなったのではないか」

時の人は、以前はやった謡歌（皇極二年〈六四三〉是歳の条。18ページを参照）について、次のように解いてみせたという。

「『岩の上に』というのは、上宮をたとえている。『小猿』というのは、林臣《はやしのおみ》（蘇我入鹿）をたとえている。『米焼く』というのは、上宮を焼くことのたとえだ。『米だにも云々《うんぬん》』とあるのは、山背大兄王の頭髪がまだらで乱れていて山羊《かましし》に似ていることのたとえなのだ」と言い、また、「山背大兄王が宮を捨てて深山に隠れる兆しだった」と噂した。

これが、聖徳太子の死後二十年ほどして起こった「上宮王家滅亡事件」である。なお、この直後の、皇極三年（六四四）一月一日の条に、中臣鎌足の初出記事があり、祭祀を司《つかさど》る神祇伯《じんぎはく》に任ぜられたが、鎌足は辞退したと記される。

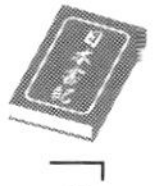

「上宮王家滅亡事件」のうさんくささ

繰り返すようだが、中大兄皇子と中臣鎌足の、蘇我入鹿暗殺の大義名分は、「蘇我入鹿が上宮王家を滅ぼしたから」というものだった。

けれども、山背大兄王の最期は、妙に現実味がない。

まず第一に、斑鳩宮を離れるとき、山背大兄王は「機転を利かせて」馬の骨を寝殿に放り込んだ。焼け跡に骨が転がっているのを見て、将軍たちは「山背大兄王は滅亡した」と信じたという。けれども、馬の骨と人間の骨を見間違えるはずはない。

第二に、上宮王家滅亡後の法隆寺（斑鳩寺）で、幡蓋が垂れ下がり、伎楽が演じられたという奇譚《きたん》が語られているが、これは「上宮王家滅亡事件」が神話化されていることを意味する。必要以上の文飾には、何か裏があるに決まっている。

第三に、事件の現場になった法隆寺（斑鳩寺）とその周辺に、王家の墓が見当たらないのである。なぜ悲劇の御子《みこ》たちは、忘れ去られてしまったのだろうか。

そして第四に、上宮王家一族が滅亡してしまったという事実そのものが、じつに怪しい。

山背大兄王とともに亡くなった一族の人々は、十五人とも二十三人とも伝えられている。

なかには、聖徳太子の兄弟も含まれていて、彼らが常日頃同じ場所で暮らしていたとはとても信じられない。つまり、山背大兄王は一族の危機に、みなをかき集め、わざわざ道連れにした、ということになる。聖徳太子の一族は、子孫だけではなく、兄弟も含めて、蒸発して消えてしまったのである。事実、後世、聖徳太子の末裔を名乗る者は現れなかった。

古代史家坂本太郎は『聖徳太子』（吉川弘文館）の中で、「山背王の無惨な最期は、私には全く不可解であった」と言い、自分だけではなく、多くの人を道連れにしたのはなぜか、と自問し、誰かひとりでもこの世に生きながらえさせるのが人情というもの、とする。ただ、「それは煩悩《ぼんのう》を絶ちきれぬ人間の凡慮《ぼんりょ》であることに気付くことができた」と言い、大《だい》乗《じょう》仏教の教えを聖徳太子から受けて、厚い信仰心から、一族の命運を絶ったのだろう、とするのである。

けれども、この考えに筆者は従うことはできない。その理由は二つある。

まず第一に、山背大兄王が信仰ゆえに自害することは勝手だ。けれども、生き延びるチャンスがある者まで道連れにしたのは無意味で、信仰とは別の次元の話である。

そして第二に、推古天皇崩御《ほうぎょ》ののち、山背大兄王を推す勢力は、「山背大兄王は蘇我系の御子だから」と、蘇我本宗家に泣きつき、皇位に固執していた。これは、蘇我氏の力を

聖徳太子の系譜

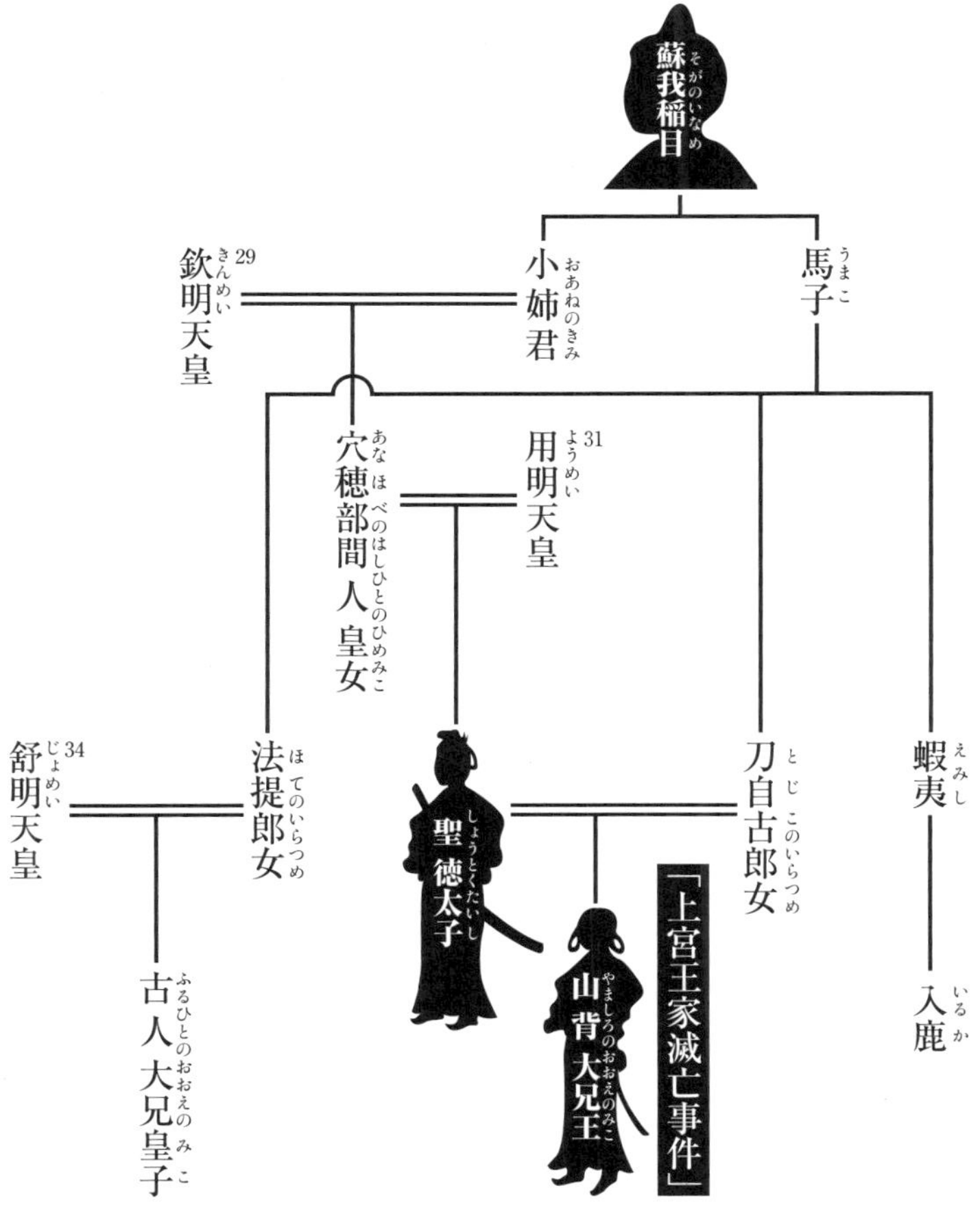

山背大兄王は実在したのであろうか。山背大兄王の死は法隆寺（斑鳩寺）の玉虫厨子《たまむしのずし》に施された捨身飼虎《しゃしんしこ》という仏画のイメージとダブり、美化されてきた。

利用して、権力に近づきたいというエゴだ。しかも、山背大兄王を推す境部摩理勢は殺され、山背大兄王の即位の芽は摘み取られてもいた。この間、舒明、皇極と、二人の天皇が誕生したが、それでも山背大兄王は皇位に執着しつづけた。これは、俗物のやることであって、けっして「厚い信仰心」をもった人間の行動ではない。この点、山背大兄王の行動には、矛盾がある。

では、「上宮王家滅亡事件」を、どう考えればよいのだろう。

聖徳太子の伝記ばかりを集めた平安時代の『上宮聖徳法王帝説《じょうぐうしょうとくほうおうていせつ》』には、不可解な記事が載っている。そこには、「後の人、父の聖王《ひじりのおほきみ》（聖徳太子）と相ひ濫《みだ》るといふは、非《よくもあらず》」（聖徳太子と山背大兄王が親子ではなかったと噂する者がいるらしいが、それはよくないことだ）と記されている。はっきりと否定するのではなく、「そのように言いふらすのは不謹慎だ」と言っているところに、『上宮聖徳法王帝説』編者の苦心の暗示が込められているように思えてならない。つまり、暗に噂が正しいことを示唆しているのではないか……。

本当に聖徳太子と山背大兄王は親子だったのだろうか。

というのも、『日本書紀』にも、両者が親子であったとはっきり記されているわけではないからだ。あたかもそうであったかのように記されているだけで、断定していないのである。

なぜ筆者がこのような平安時代の文書の些末《さまつ》な一節にこだわるのかというと、蘇我入鹿は聖徳太子の子を殺したことによって大悪人になったのだから、もし仮に山背大兄王が聖徳太子の子でなかったとしたら、『日本書紀』の示した勧善懲悪の図式は崩れ去るからである。正義はむしろ蘇我氏にあったのではないか……。

四「祟る入鹿」が蘇我氏の正義を証明する

蘇我入鹿は「祟る鬼」

もう少し、蘇我氏の正義と改革事業の話にこだわってみたい。

これまで信じられてきたように、蘇我氏は本当に改革を邪魔立てし、王家をないがしろにした大悪人だったのだろうか。近年、徐々に蘇我氏見直し論が発表されるようになり、蘇我氏はむしろ改革事業を推進していたのではないかと考えられるようになってきた。つまり、「藤原氏＝正義、蘇我氏＝逆賊」説が逆転しつつあるようなのだ。もちろん筆者も、『日本書紀』の一方的な主張を疑い、蘇我氏の正体を洗い直してきた（拙著『蘇我氏の正体』新潮文庫を参照）。

蘇我氏の正義を証明する材料は、『日本書紀』の中にも隠されている。たとえば、「鬼の蘇我入鹿」が、もっともわかりやすい。

『日本書紀』巻第二十六天豊財重日足姫天皇《あまとよたからいかしひたらしひめのすめらみこと》（斉明《さいめい》天皇）の斉明七年の記事をみて

斉明朝で連続して起きた奇妙な事件は入鹿の祟り

(1)斉明天皇即位の直後、大空に奇妙な生き物
斉明天皇は、蘇我入鹿暗殺現場に立ち会っている
(「乙巳の変」)

(2)斉明天皇の九州赴任時に、雷神が怒り、鬼火が現れ、
2か月後に崩御

(3)斉明天皇の葬儀の際に大笠をかぶった「鬼」が出現

↓

蘇我豊浦大臣＝蘇我入鹿

‖

蘇我本宗家は祟る鬼（『扶桑略記』）

蘇我＝鬼

蘇我氏が改革派であったとすれば、蘇我入鹿は罪なくして殺害されたわけで、死後に鬼となった入鹿が斉明天皇を悩ませ、ついには崩御させた!?

みよう。
皇極天皇は蘇我入鹿の死後、皇位を弟に禅譲《ぜんじょう》したが、孝徳天皇崩御ののち、ふたたび担ぎ上げられ重祚《ちょうそ》、斉明《さいめい》天皇となる。
斉明天皇には、なぜか奇怪な鬼が付きまとったといわれている。『日本書紀』の斉明元年（六五五）五月一日の条、斉明七年（六六一）五月九日と同年八月一日の条には、次の記事が載る。

五月一日、空中に竜に乗った男が現れた。姿は唐人《もろこしびと》に似ていた。青い油笠をかぶり、葛城山から駆け抜け、生駒山に隠れた。午時《うまのとき》（午前十一時から午後一時まで）に至り、住吉《すみよし》（大阪市住吉区）の松嶺《まつのみね》の上空から、西に向かって走り去った。

五月九日、斉明天皇は朝倉橘広庭宮《あさくらのたちばなのひろにわのみや》（福岡県朝倉市）に遷《うつ》り住まわれた（百済救援軍に同行したため）。このとき、朝倉社（麻氏良布《までらふ》神社）の木を切り払って宮を建てた。このため神が怒り、建物を倒した。また、宮中に鬼火《おにび》（人魂《ひとだま》）が現れた。このため、大舎人《とねり》や近侍する者たちの多くが、病気で亡くなった。

元興寺（飛鳥寺。奈良市中院町）の元興神《がごぜ》は鬼として恐れられた。奈良町界隈《かいわい》の中心に位置するが、寺の東側一帯は鬼の住処《すみか》として知られていた。

七月一日、斉明天皇は朝倉橘広庭宮で崩御された。八月一日に、皇太子（中大兄皇子）は棺を移し、磐瀬宮《いわせのみや》（福岡県福岡市南区）に至った。この夕方、朝倉山の上に鬼が現れ、大笠をかぶり、喪の様子をじっと見つめていて、人々はみな怪しんだ。

斉明天皇の身辺に、不気味な鬼が付きまとい、また、神の怒りを買い、近くに侍る者が亡くなり、ついには、まるで神の毒気に当たったかのように、斉明天皇も崩御されるのである。

『日本書紀』はこの鬼の正体を明かさないが、平安末期に編まれた歴史書『扶桑略記《ふそうりゃっき》』は、この鬼を豊浦大臣《とゆらのおおおみ》といい、これは蘇我蝦夷か入鹿のどちらかを指している。入鹿暗殺は斉明天皇の眼前で繰り広げられたのだから、鬼の正体は蘇我入鹿がふさわしいだろう。蘇我入鹿は「祟《たた》る鬼」である。

問題は、蘇我入鹿が悪人だから恐ろしい鬼となって再登場したのではない、ということである。祟りは、祟られる側に非があったことを明らかにしている。祟る者は、罪なくして殺されたがゆえに、恨んで出てくるのである。蘇我氏の氏寺元興寺（飛鳥寺）が「鬼の寺」と恐れられたのも、同様の理由からだろう。

難波遷都を画策していた蘇我入鹿

蘇我入鹿が祟って出ていたことは、蘇我入鹿の正義を証明している。だからこそ、『日本書紀』ははっきりと鬼の正体を「あれは蘇我入鹿」といえなかったのである。けれども、「蘇我入鹿は祟って出た」と誰もが信じ、恐れていたから、「斉明天皇にまとわりつく正体不明の鬼」を記録せざるをえなかったのだろう。

もうひとつ、蘇我入鹿の正義を証明しているのは、難波長柄豊碕宮である。『日本書紀』巻第二十五天万豊日天皇《あまよろずとよひのすめらみこと》（孝徳天皇）の大化元年（六四五）十二月の記事をみてみよう。

十二月九日、孝徳天皇は都を難波長柄豊碕宮に遷された。老人たちは、ともに語り合って、「春から夏に至るまでに、ネズミが難波に向かったのは、遷都の前兆だったのだ」と言った。

難波長柄豊碕宮に、実際には、白雉《はくち》元年（六五〇）十月ごろから造営され、完成したのは白雉三年(六五二)八月のことだった。ただし、孝徳天皇は新都造営のために、難波に遷っていたのである。

今、例に挙げたのは、本当に短い一節だが、ここに重大な意味が隠されている。というのも、「大化元年の春から夏にかけて」というのは、蘇我入鹿存命中のことだからだ。「上宮王家滅亡事件」に際し、蘇我入鹿が「ネズミ」にたとえられていたことが、ここにきて妙に気にかかる。難波長柄豊碕宮に移動していたネズミとは、要するに蘇我入鹿が難波遷都をもくろんでいたことを、伝えているのである。

では、それがどうして大切なことなのかといえば、孝徳天皇が蘇我入鹿の遺志を継いでいた可能性が出てくること、また難波長柄豊碕宮が律令制度の基礎となる都だったということは、蘇我入鹿らこそが、改革を急いでいたことを意味するからだ。

古代史家の門脇禎二《かどわきていじ》は、大化改新を巡るかつての常識に疑念を抱いたひとりだ。門脇禎二の見解の要点は次のとおり。

若き日の孝徳天皇(軽皇子)が、「上宮王家滅亡事件」に際し、蘇我入鹿の差し向けた軍勢の中に混じっていた可能性があること。それでいて、クーデター後即位していたのは謎だ。クーデターの功労者の中臣鎌足は、新政権で内臣《うちつおみ》に抜擢《ばってき》されたが、まだこの時代、このような役職はなかったことも不自然だ。新政府は国博士《くにのはかせ》に僧旻《みん》を起用しているが、旻は蘇我入鹿を高く評価していた。その一方で、中大兄皇子や中臣鎌足が師事した南淵《みなぶちの》請安《しょうあん》は、無視されている。これらのことを総合すると、これまでの常識では、大化改新を説明することはできない、というのである（『「大化改新」史論 下巻』思文閣出版を参照）。

まったくそのとおりで、東国国司のほとんどが蘇我系豪族だったのも、改新政府が「親蘇我政権」であったことを示している。

そもそも、孝徳天皇の姉皇極天皇は、蘇我氏全盛期に担ぎ上げられた天皇だ。しかも舒明天皇に嫁ぐ以前、皇極は蘇我系皇族と結ばれ、御子を産み落としている。つまり、皇極は「親蘇我派」だから、即位できたのだろう。その弟孝徳が、「親蘇我派」であって、なんら不思議はない。孝徳が眠るのは、蘇我系皇族の陵墓が密集する地域だ（大阪《おおさかの》磯長《しながの》陵《みささぎ》。大阪府南河内郡太子町）。

『日本書紀』が巧妙なのは、皇極天皇と蘇我入鹿が雨乞い合戦をし、蘇我入鹿が敗れたという記事を載せ、両者が競い、敵対していたかのように印象づけていることなのである（皇極元年〈六四二〉七月、八月）。

皇極天皇と弟の孝徳天皇が親蘇我派であったことは、どうしても隠し通さねばならぬ事柄のひとつだったろう。彼らが蘇我氏と手を組んでいたのなら、中大兄皇子や中臣鎌足が反動勢力であったことになってしまうからだ。けれども、中大兄皇子や中臣鎌足の孝徳天皇に対する仕打ちをみれば、どちらが真の改革派だったのか、はっきりとわかる。

孝徳天皇は晩年、裏切りに遭う。中大兄皇子が「難波長柄豊碕宮を捨てて飛鳥に戻るべきです」と進言し、これを拒否すると、中大兄皇子は天皇をひとり残して、飛鳥に向かってしまう。せっかく律令制度の基礎となる難波長柄豊碕宮を造営したのに、事業は頓挫してしまったのだ。それはなぜかといえば、中大兄皇子に改革事業をする気はさらさらなかったからだろう。

五　日本軍は「白村江の戦い」でなぜ敗れたのか

「狂心の渠（溝）」と罵られた斉明天皇

中大兄皇子といえば、「乙巳の変＝大化改新」を成し遂げた古代史上の英雄として名高い。しかし、この先入観が邪魔して、この人物の評価を誤らせてきた。中大兄皇子は反動勢力であった。すると、中大兄皇子の懐刀《ふところがたな》中臣鎌足は、中大兄皇子にいったい何を期待したのだろうか。

筆者はこれまで、中臣鎌足の正体（出自《しゅつじ》）を、人質として来日していた百済王子豊璋《ほうしょう》だったのではないかと指摘してきた。

その根拠は、中臣鎌足の末裔の藤原氏と百済遺民の浮き沈みは、完璧に一致していること、「白村江《はくそんこう》の戦い」に際し、豊璋は本国の百済に召喚されるが、中大兄皇子のもっとも頼りにしていた中臣鎌足が、ほぼ同時に歴史から姿をくらまし、戦後ひょっこり再登場しているからである。

中臣鎌足が、中大兄皇子のピンチに活躍しなかったのは、豊璋だからだろう。そして、中臣鎌足と豊璋を重ねてみれば、なぜ中臣鎌足が蘇我入鹿暗殺を急ぎ、協力者を物色したのか、なぜ暗殺現場で弓を持ち、高見の見物としゃれ込んだのか、なぜ古人大兄皇子が、「蘇我入鹿は韓人に殺された」と叫び、『日本書紀』は「それは韓政のこと」との分注を加えたのか、「なぜ?」のすべてが一本の線でつながってくる。

それは、朝鮮半島で衰弱著しい百済が、全方位型外交を推し進める蘇我政権を倒さなければならなかったからだろう。しかし、直接手を出せば、外交問題に発展する。だからこそ「中臣鎌足＝豊璋」は、中大兄皇子をそそのかし、蘇我入鹿を殺させ、さらに、孝徳朝を潰《つぶ》すと、百済救援軍を派遣する体制作りを急いだ、ということになる(拙著『蘇我氏の正体』を参照)。

興味深いのは、斉明朝で盛んに土木工事が行われたことだ。『日本書紀』の斉明二年(六五六)是歳の条には、次のようにある。

時に、斉明天皇は事業を興すことを好まれた。すなわち、水工《みずたくみ》に溝を掘らせ、天香具山《あまのかぐやま》(香具山。奈良県の桜井市と橿原《かしはら》市の境)の西側から石上山《いそのかみやま》(奈良県天理市石上町)まで

『日本書紀』斉明2年（656）是歳の条の記事が正しいことは、飛鳥東側の丘の酒船石《さかふねいし》で大規模な石の遺構や亀石が発掘され確認されている。写真は復原された「狂心の渠（溝）」(奈良県高市郡明日香村)。

通した。舟二百隻《せき》をもって、石上山の石を積んで、流れのままに飛鳥の岡本宮《おかもとのみや》（奈良県高市郡明日香村）の東の山に運び、石を重ねて垣にした。人々は謗《そし》り、「狂心《たぶれごころ》の渠《みぞ》（溝）だ。この溝を掘るために、三万余の人夫が駆り出され、垣を造るために七万余の人夫が駆り出された。宮の用材は腐り、山頂は埋まってしまった」と噂した。さらに謗り、「石の山丘を造ろうとも、造ったそばから崩れるだろう」と言った。

『日本書紀』にこのような記述があることから、近年では、斉明天皇は「強い女帝」だったと考えられるようになってきたが、だがこれは本当だろうか。

これまで述べてきたように、斉明（皇極が重祚）は親蘇我派の皇族で、中大兄皇子は母を押し立てることによって、親蘇我派の豪族たちを懐柔しようと考えていたのだろう。したがって、斉明朝で実権を握っていたのは中大兄皇子であり、斉明崩御ののちも、民衆の罵声がやまなかったのは、斉明存命中も、人々が中大兄皇子と中臣鎌足の政策にそっぽを向いていたということだろう。

ところで、この土木事業は、百済遠征を目前にした下準備であろう。百済遠征をするということは、都を空っぽにしていくことになる。わずかな兵士で、反中大兄皇子派の攻撃から身を守らねばならない。中大兄皇子は蘇我氏の恨みを買っているから、恐怖心は倍増しただろう。だからこそ、「渠（溝）と垣」を造り、防衛拠点を用意したということにほかあるまい。また、民衆は、遠征が失敗することをすでに悟っていて、だからこそ、不平を漏らしていたのだ。

味方を裏切った豊璋？

ここで話を、朝鮮半島に移そう。「白村江の戦い」の直前の、豊璋の動きが面白いからである。

百済はもともと北方の騎馬民族高句麗と敵対していたが、唐《とう》が頼りにならないとみるや、高句麗と手を結び、隣国の新羅を圧迫しようとしていた。ただし、これが裏目に出て、唐と新羅の連合軍の前に、一度滅亡してしまう。百済の遺臣の中に、鬼室福信《きしつふくしん》という英雄がいて、この人物が百済復興を目指し、百済はヤマト朝廷に対し、豊璋を本国に戻すこと、遠征軍を派遣することを要請してきたのだった。

斉明七年（六六一）九月、豊璋は五千余の兵に守られて帰国する。鬼室福信はこれを出迎え、豊璋に国政のすべてを委ねた。そしてこののち、豊璋は百済王となる。

しかし、豊璋の軍略家としての才能は、あまり褒められたものではなかった。鬼室福信や日本から加勢していた狭井連《さいのむらじ》、朴市田来津《えちのたくつ》らの諫言《かんげん》を聞き入れず、不利となる拠点に移動し、結局もとの州柔城《つぬさし》に戻ってきた。また、優秀な部下を妬《ねた》み、抹殺してしまった。それが、民衆に慕われていた英雄鬼室福信だったから、百済にとっては大きな損失となった。この忌《い》まわしい事件から「白村江の戦い」に至る豊璋の動きを、『日本書紀』の記述から追ってみよう。

天智《てんじ》二年（六六三）六月、百済王豊璋は、鬼室福信に謀反《むほん》の企みがあると疑い、手のひらに穴を開け、革を通してしまった。ただし、どうしてよいものか自分で判断がつかず、諸臣に尋ねてみた。

「鬼室福信の罪は、すでにこのとおりだ。斬るべきか否か」

するとひとりが「この人物は悪逆の人です。許してはなりません」と申し上げた。すると鬼室福信はその男に唾《つば》を吐き、「腐った狗《いぬ》のようなばかだ」と言った。豊璋は鬼室福信を健児《こんでい》（力持ちの兵士）に斬らせ、生首を醢《すし》（晒《さら》し者にするための塩漬け）にした。

八月十三日、新羅は名将鬼室福信が斬られたことを知り、百済に侵入して、城を順々に攻略しようと動きだしたのである。

百済は賊（新羅）の計略を知り、諸将に次のように語った（この「百済」は「百済王」の略であり、要するに「豊璋」のことを指している）。

「今聞くところによると、大日本国の将盧原君臣《いおはらのきみのおみ》（駿河《するが》の豪族）が、一万余の軍勢を率いて海を越えてやってくるというではないか。願わくは、みな事前に計略を練ってほしい。私は自ら進み、白村（錦江《きんこう》河口）に出迎え、饗応《きょうおう》しようと思う」

八月十七日、敵の軍勢は王城（州柔城）を囲んだ。唐は船団百七十艘《そう》を率い、白村江に陣を構えた。そして二十七日、日本から最初に到着した遠征軍の者たちが、後続部隊の到着を待たずに唐の水軍に向けて攻撃を仕掛けたが、日本勢は劣勢となり、いったん退いた。唐の水軍は、ふたたび陣形を堅く敷き直した。

翌八月二十八日、日本の諸将と百済王は、天候や風向きを無視し、「われらが先を争って襲いかかれば、敵はかならずおじけて退くでしょう」とたかをくくり、隊伍《たいご》も整わないまま軍を率い、唐の堅い守りのなかに猪突《ちょとつ》した。唐の船団は左右から包み込み、挟み撃ちにしたから、官軍（日本軍）は大敗した。溺死《できし》する者多く、船は後戻りもできなかった。朴市田来津は天を仰ぎ、誓い、歯ぎしりして怒り、数十人の敵を斬り殺したが、力尽きた。

このとき、豊璋は数人と船に乗り、高句麗に逃れた。

九月七日、州柔城は陥落し、唐の軍門に降《くだ》った。このとき、百済の人々は、次のように語り合った。

「州柔は落ちた。もうどうしようもない。百済の名は、今日絶えたのだ。墓にはもう二度と参ることができない。ただし、弖礼城《てれさし》（慶尚南道南海島《けいしょうなんどうなんかいとう》）に赴き、日本の将に会い、行動する好機を相談するのみだ」

そしてついに百済の人々、国を去ることを決意し、妻子に告げたのである。

ここに、豊璋という人物の「器」のほどが知れる。

鬼室福信を殺害してしまったのは、鬼室福信も百済王家の一員であり、才能と人気の高さから、豊璋は「王位を狙っているのではないか」と疑心暗鬼になったからだろう。そして唐の大軍が迫るなか、国家と民の旗印である百済王豊璋が、百済再興の最後の希望の地である王城（州柔城）を抜け出してしまったのだ。これでは国王失格である。

このの豊璋の行方がよくわからない。『日本書紀』は高句麗に逃げたというが、『三国史記《さんごくしき》』や『唐書《とうじょ》』は、行方不明になったという。『資治通鑑《しじつがん》』には、唐に捕らえられた

中臣鎌足と豊璋はそっくり

豊璋	
(1)『日本書紀』初出	舒明3年(631)3月、百済から父の義慈王の命で人質として来日。
(2)冠位	織冠。
(3)経歴	斉明7年(661)9月、百済王朝復興のため帰国。「白村江の戦い」(663)ののち行方不明。
(4)政策目標	百済復興を望む。

中臣鎌足	
(1)『日本書紀』初出	皇極3年(644)1月、神祇伯固辞。
(2)冠位	大織冠。天智天皇より藤原姓を授与される。
(3)経歴	豊璋帰国中および天智2年(663)まで消息不明。ただし、藤原氏の伝承では日本にいたという。
(4)政策目標	蘇我氏を潰し、百済を救済し、強い天皇家の誕生を望む。

中臣鎌足と豊璋を同一人物、つまり藤原氏は百済王家出身と考えれば、鎌足以降、藤原氏の盛衰と百済系移民の日本での地位が奇妙なほど一致していることも理解できよう。

あと流されたとあり、どの記録もバラバラだ。情報が錯綜《さくそう》するのは、豊璋が中臣鎌足になりすまし、日本に舞い戻ってきたからだろう。日本での人質生活が長かった豊璋だから、これは当然の選択である。

筆者がなぜ豊璋と「白村江の戦い」に注目したかというと、中大兄皇子と中臣鎌足が起こした「乙巳の変」の蘇我入鹿暗殺と、孝徳天皇の改革事業に対する妨害行為の最終目的が、百済の再興にあったのではないかと思えてならないからである。

そして、もし私見どおり、蘇我氏が改革派で、中臣鎌足が豊璋だったとしたら、日本の改革事業は、百済救援のために頓挫してしまったことになる。しかも豊璋は、王としての素質を欠いていたから、やるせなくなってしまうのである。

いや、それだけではない。中臣鎌足の子の藤原不比等《ふひと》は、八世紀前半に権力を握ると、『日本書紀』編纂に携わったに違いない。藤原不比等は、父豊璋の正体を抹殺するだけではなく、蘇我氏を大悪人に仕立て上げ、改革事業の手柄を横取りしてしまったわけである。

この『日本書紀』編纂の背後に隠された真実の歴史を知っておけば、『日本書紀』と古代史の本当の面白さがわかってくるはずである。

第二章 神話を裏付ける考古学

十有二月癸巳朔丙申、皇師遂撃長髄彦。連戦不能取勝。時忽然天陰而雨氷。乃有金色霊鵄、飛来止于皇弓之弭。其鵄光曄煜、状如流電。由是長髄彦軍卒、皆迷眩不復力戦。長髄是邑之本号焉。因亦以為人名。及皇軍之得鵄瑞也、時人仍号鵄邑。今云鳥見、是訛也。昔孔舎衛之戦、五瀬命中矢而薨。天皇銜之、常懐憤懟。至此役也、意欲窮誅。乃為御謡之曰、

瀰都瀰都志　倶梅能故邏餌　介耆茂等珥　阿波赴珥破
介瀰羅毘苫茂苫　曾紕餓毛苫　曾禰梅屠那藝弖　于笞弖之夜莽務

又謡之曰、

瀰都瀰都志　倶梅能故邏餌　介耆茂等珥　宇恵志破餌介瀰
句致弭比倶　和例破涴輸例儒　于智弖之夜莽務

因復縦兵急攻之。凡諸御謡皆謂来目歌。此的取歌者而名之也。時長髄彦乃遣行人、言於天皇曰、嘗有天神之子、乗天磐船、自天降止。号曰櫛玉饒速日命。饒速日、此云儞芸波椰卑。是娶吾妹三炊屋媛、亦名長髄媛、亦名鳥見屋媛。遂有児息。名曰可美真手命。可美真手、此云于魔詩莽耐。故吾以饒速日命、為君而奉焉。夫天神之子、豈有両種乎。奈何更称天神子、以奪人地乎。吾心推之、未必為信。天皇曰、天神子亦多耳。汝所為君、是実天神之子者、必有表物。可相示之。長髄彦即取饒速日命之天羽羽矢一隻及歩靫、以奉示天皇。天皇覧之曰、事不虚也、還以所御天羽羽矢一隻及歩靫、賜示於長髄彦。長髄彦見其天表、益懐踧踖。然而凶器已構、其勢不得中休。而猶守迷図、無復改意。饒速日命本知天神慇懃唯天孫是与。且見夫長髄彦稟性愎佷、不可教以天人之際、乃殺之。帥其衆而帰順焉。天皇素聞饒速日命是自天降者、而今果立忠効、則褒而寵之。此物部氏之遠祖也。

神武即位前紀戊午の年十二月四日

出典：『新編日本古典文学全集　日本書紀』（小学館）による。

一　『日本書紀』は纏向遺跡を知っていた!?

『国記』という巧妙なトリック

なぜ古代史は、謎だらけなのだろう。それは、ひとつの固定観念に縛られてきたからではあるまいか。「『日本書紀《にほんしょき》』は天皇家の歴史を礼讃し、正統性を証明するために書かれた」と、誰もが信じてきた。この動かしがたい常識こそ、古代史解明の足枷《あしかせ》になってきたのである。

実際には、『日本書紀』は藤原氏《ふじわらし》の正当性を証明するために編纂《へんさん》されていた……。この事実を踏まえれば、難解でアクビの出そうな『日本書紀』も難なく読みこなすことができる。『日本書紀』読解のコツは、まさにここにあったのだ。七世紀の蘇我氏《そがし》と藤原氏の対立の場面だけではない。神話やヤマト建国も、「藤原氏の思惑《おもわく》」を念頭におけば、これまでにはない謎解きの発想が生まれるはずなのである。

ヒントをつかめば、あとは糸口を探し出せばよいだけだ。

とはいっても、すぐに尻尾を出すような『日本書紀』ではない。『日本書紀』はいたる場面で歴史の捏造《ねつぞう》、改竄《かいざん》を行っているが、一度目を通したぐらいではそれを感じさせない、じつに巧妙にできた歴史書なのだ。

だが、手がかりはいくつも転がっている。われわれが見逃しているだけなのだ。

たとえば、『国記《こっき》』の話を思い出してみよう。先述したように、蘇我蝦夷《えみし》が滅亡するとき、蘇我氏が保管していた『国記』だけが難を逃れ、中大兄皇子《なかのおおえのみこ》のもとに届けられたと『日本書紀』はいう。『国記』は現存しないが、聖徳太子《しょうとくたいし》と蘇我馬子《うまこ》が編纂した歴史書で、神代《かみよ》以降の説話集と考えられている。「『国記』が蘇我氏の手を離れ、天皇家の手元に残された」という事件が、本当にあったのかどうか、はっきりとはわからない。けれども、この事件を記録したことによって、「『日本書紀』は七世紀までの知識を踏襲《とうしゅう》しているが、古い歴史は、あまり正確に残っていなかった」ことを印象づけたのである。

この話は、精巧に構築されたトリックであり、トリックを仕掛けなければならなかったその理由を逆に追い求めていくことによって、『日本書紀』によって隠匿《いんとく》されてしまった歴史を、再現することができるのである。

そこでもう少し、『国記』に注目してみよう。

推古《すいこ》二十八年（六二〇）是歳《ことし》の条には、次のようにある。

この年に、皇太子（聖徳太子）と島大臣《しまのおおおみ》（蘇我馬子）は、ともに話し合い、『天皇記』と『国記』、臣《おみ》・連《むらじ》・伴造《とものみやつこ》・百八十部《ももやそとものお》、公民等《おおみたからども》の本記を記した。

ここにある『天皇記』は、王家の系譜や治績などを記したもの、『国記』は日本の国の歴史、それ以下の「臣……公民等の本記」は、ヤマトの諸氏族以下、民に至るまでの多くの人々の歴史を記したものである。

聖徳太子と蘇我馬子が記し、蘇我蝦夷が大切に保管していたのだから、『国記』は蘇我氏にとって都合のよい歴史書だったことがわかる。『国記』が現存しないのは、政敵によって焼き捨てられたからだろう。そして、『国記』に記された都合の悪い部分は、『日本書紀』には継承されなかっただろう。もちろんここにいう「政敵」とは、藤原氏のことである。

『日本書紀』が『国記』を参考にし、その記述を踏襲したというのなら、とても理解できないことがある。それは、蘇我氏の祖が『日本書紀』の中に記録されていない、ということである。

古代を代表する豪族といえば、物部氏《もののべし》や大伴氏《おおともし》、尾張氏《おわりし》、中臣氏《なかとみし》などの名が浮かぶ。彼らは全員、神話やいわゆる「神武東征《じんむとうせい》」にかかわりをもち、ヤマト建国前後から活躍したと『日本書紀』に記録されている。

ところが、蘇我氏に限って、先祖の素性がわからない。『古事記《こじき》』は、孝元《こうげん》天皇の子、建《たけ》（武）内宿禰《うちのすくね》が蘇我氏の遠祖だったというが、なぜか『日本書紀』は、この情報を無視している。

通説は、蘇我氏を渡来系《とらい》の豪族とみなすが、蘇我氏の姓《かばね》が「臣」であったことは、無視できない。「臣」は、天皇家から分かれた者に与えられる姓であった。もし、『日本書紀』編纂者が『国記』を読んでいたのなら、蘇我氏の素性をよく知っていただろう。仮に通説のいうように蘇我氏が渡来系で、蘇我氏の系譜が『国記』の中で勝手に塗り替えられていたのなら、『日本書紀』は迷わず、「蘇我氏は海の外からやってきた侵略者だ」と糾弾《きゅうだん》していたに違いない。それもできず、祖の名を伏せたのは、蘇我氏が「極めて高貴な氏族」だったからである。

『日本書紀』編纂者は蘇我氏の系譜をはぐらかし、「『国記』を参考にし、『日本書紀』を編纂した」というそぶりをみせながら、『国記』に記されていた多くの歴史を、捏造、改竄したのである。

なぜ六世紀以前の歴史を再現できないのか

これまで、六世紀以前の『日本書紀』の記述は、あまりあてにならないと考えられてきた。その理由は、古い記事の多くは「説話的」で矛盾や誇張が少なくなかったからだ。そして長い間日本に文字はなかったのだから、歴史が残らなかったのは当然、という諦念《ていねん》があったように思う。

だが、どちらも大きな誤解である。

まず、文字はなくとも、歴史はしっかりと残る。文書のない時代に、口碑《こうひ》伝承で歴史を残した人々（語部《かたりべ》）がいた。歴史がのちの時代に伝わるのは、文字があったからではなく、権力の発生とともに勝者と敗者が生まれ、敗者は恨みつらみをみな忘れず、それを言葉で残し、かたや勝者は敗者の非を訴え、「私は間違っていなかった」と唱えつづけたからである。この点については、ここでは深入りしないことにしたい（拙著『なぜ「日本書紀」は古代史を偽装したのか』じっぴコンパクト新書を参照）。

天孫《てんそん》瓊瓊杵尊《ににぎのみこと》が高天原から天降《あまくだ》った伝承地のひとつとされる宮崎県北端の高千穂《たかちほ》（宮崎県高千穂町）には、二上山（二上《ふたがみ》の峰）がそびえ、高千穂神社がある。

ではなぜ、六世紀以前の『日本書紀』の記述は、矛盾だらけで、神話めいていたのだろうか。

六世紀以前の歴史がはっきりとわからないのは、東アジアでは日本ぐらいなものだ。たとえば、ヤマトが建国される時代（二世紀末から四世紀前半）、中国では『三国志《さんごくし》』や『三国志演義《えんぎ》』で名高い魏《ぎ》・呉《ご》・蜀《しょく》が鼎立《ていりつ》し、覇を競っていた様子がしっかり記録されている。英雄たちの息づかいを感じられるほど、詳細に記録されている。

ところが日本の場合、『日本書紀』に従えば、天上界（高天原《たかまのはら》）から降臨《こうりん》した神の末裔《まつえい》（神武天皇）が、日向《ひむか》（現在の南部九州地方）の地から瀬戸内海を東に向かい、頭八咫烏《やたがらす》に導かれてヤマト入りすることができたとある。このようなおとぎ話（いわゆる「天孫降臨」「神武東征」など）が記録されているのは、むしろ不可解といっていい。

なぜ、中国の歴史は鮮明で、日本の正確な歴史は、せいぜい七世紀までしかたどれないのだろうか。

筆者は次のように推理している。『日本書紀』編纂者は、七世紀の蘇我入鹿暗殺の正当性を証明するために、いくつもの嘘をついた。その嘘が歴史のゆがみを生み、ごまかしては矛盾が生まれ、その矛盾を修正している間に、ヤマト建国まで、嘘の連鎖が続いてしまったのではないか。

つまり、『日本書紀』編纂者は、歴史を熟知していたからこそ、真相を闇に葬るために、いくつものカラクリを用意したと思えてくるのである。

たとえば、蘇我氏の祖がヤマト建国におおいにかかわり、貢献していたとすれば、藤原不比等《ふひと》はこの事実を素直に『日本書紀』に載せられただろうか。蘇我氏の祖の活躍を削り取り、その穴を埋めるために、他の偶像を用意しなければならなくなるだろう。これが、嘘が嘘を呼ぶひとつの例なのである。

弥生時代の日本列島の様子を言い当てていた『日本書紀』

『日本書紀』編纂者が三世紀の歴史をよく知っていたのに、ヤマト建国の経緯を神話にすり替えてしまった可能性は、高まるばかりだ。なぜなら、現在の考古学資料の示すヤマト建国の経緯と、『日本書紀』のヤマト建国前後の記述の骨子が、いくつかの点で、重なってくるからである。ここにいう「ヤマト建国前後」とは、『日本書紀』によってバラバラにされて記録された歴史をいっている。

通説は、『日本書紀』がヤマト建国の歴史を、初代天皇を神武天皇と第十代崇神《すじん》天皇の二人に分解してしまったと解釈している。筆者は、神武と崇神は同一人物ではなく、同時代人と考えるが、いずれにせよ『日本書紀』編纂者は、ヤマト建国の経緯をいくつも分解して、繰り返して語ったうえで、荒唐無稽なおとぎ話にすり替えてしまった。こうすることによって、真相を闇に葬ったつもりだったのだろう。まさか二千数百年後、土を掘り返して歴史の証拠探しを始める暇人が出現しようとは、思ってもみなかったはずである。

しかし、考古学は、ヤマト建国の詳細を再現する手がかりを見つけだしてしまった。そして、『日本書紀』の記述と重なってくる部分が、意外に多かったのである。

その例をいくつか取り上げてみよう。まず、『日本書紀』巻第三の、初代神武天皇を巡る有名な冒頭記事を読んでみよう。ここには多くの情報が詰まっている。

神日本磐余《かむやまといわれ》彦天皇《びこのすめらみこと》（神武天皇）の諱《いみな》（本名）は彦火火出見《ひこほほでみ》で、彦波瀲武鸕鷀草葺不合《ひこなぎさたけうがやふきあえずの》尊《みこと》の第四子だ。母は玉依媛《たまよりひめ》といい、海童《わたつみ》（海神）の娘である。

神武天皇は生まれながらに聡明《そうめい》で、意志の強いお方だった。十五歳で皇太子になられた。成人されて日向国の吾田邑《あたのむら》（鹿児島県南さつま市）の吾平津媛《あひらつひめ》を娶《めと》り妃《きさき》にされ、手研耳《たぎしみみの》尊《みこと》がお生まれになった。

四十五歳のとき、神武天皇は親族に次のように申された。

「昔、わが天神の高皇産霊尊《たかみむすひのみこと》と大日孁尊《おおひるめのみこと》（天照大神《あまてらすおおみかみ》）が、この豊葦原瑞穂国《とよあしはらのみずほのくに》を天孫《あめみま》の天津彦彦火瓊瓊杵尊《あまつひこひこほのににぎのみこと》にお授けになった。天津彦彦火瓊瓊杵尊は高天原の門を押し開かれ、雲路《くもじ》を押し分け、露払いの神を先に行かせ、地上に舞い降りられた。これは大昔のことで、暗く秩序もない時代であった。そこで正しい道を開き、西の果てのこの地を治められたのだった。皇祖も父も、みな神であり聖《ひじり》であった。慶事を積み瑞祥《ずいしょう》を重ね、長い年月が過ぎた。天祖《あまつみおや》が降りられてから、百七十九万二千四百七十余年が過ぎた。しかし、遠くはるかな地では、なお王化の恩恵を受けず、大きな村には君が、小さな村には長《おさ》がいて、境を分かち、しのぎ、争っている。そこで、塩土老翁《しおつちのおじ》（住吉大神《すみよしのおおかみ》）に問うてみた。すると、『東の方角に、美しい土地があります。青山が四方を囲み、その中に、天磐船《あまのいわふね》に乗って飛び降りた者がおります』と言った。私が思うに、その地は、かならず大業《あまつひつぎ》を広め、天下に君臨するに適した場所だろう。国の中心にふさわしい地だろう。その飛び降りたという者は、饒速日尊《にぎはやひのみこと》のことだろうか。その地に行って、都を造ろうではないか」

他の皇子《みこ》たちは、次のように答えた。

「まさに、道理にかなっています。われらも常にそう思っておりました。早く実行しましょう」

こうして神武天皇らは日向から東征に出発したのである。

これは神武即位紀元前一年（甲寅《きのえとら》）のこととされ、ここには、神武天皇の言葉を借りて、神話のあらすじと、神武天皇の系譜、そして、ヤマト建国直前の日本列島の様子が簡潔につづられている。

要するに、弥生《やよい》時代から古墳時代への過渡期の歴史である。

その中で神武天皇は、各地の集落ごとに首長がいて、互いに競い合っているという。この描写は、まさに弥生時代の日本列島の混乱をよく言い表している。

今から二千数百年前に、日本列島に稲作文化が流入し、動乱の時代が到来した。戦争の起源は人類が農業を選択したからとする説があるが、まさに、弥生時代の西日本は、戦国時代を彷彿《ほうふつ》とさせる混乱の時代であった。農業の発達によって必要以上の食料が供給されるようになり、人口爆発が起き、人々は新たな農地と水脈を求め、境界を侵し合うようになったのだ。弥生時代、無数の高地性集落がつくられるようになったが、この時代のものと思われる殺傷痕を伴った遺体や首から下だけの遺体が、各地で発見されているのである。神武天皇の言葉には、このような時代背景がしっかりと盛り込まれていたことになる。

ヤマトに集まった人々

神武天皇の発言で、もうひとつ注目すべき点は、「東」の方角に国の中心があって、すでに饒速日命なる人物が舞い降りていた、とあることだ。

神武東征以前にヤマトに集まったのは、饒速日命だけではない。それが出雲神大物主《おおものぬしの》神《かみ》で、『日本書紀』はその経緯を、神話の中で次のように記している。大己貴神《おおなむちのかみ》（大国主《おおくにぬしの》神《かみ》）が少彦名命《すくなびこなのみこと》と力を合わせて心をひとつにして天下を造り、少彦名命が熊野《くまの》の御碕《みさき》から常世郷《とこよのくに》に去った直後の話だ。巻第一神代上第八段の一書第六の記事をみてみよう。

こののち、国の中でまだ造り終えていない地を大己貴神は巡り歩き、ついに出雲にたどり着いた。そこで次のように宣言する。「葦原中国《あしはらのなかつくに》は、もとより荒れた国で、岩や草木に至るまで、強暴だった。しかし、私はすでに屈服させ、従わない者はもういない」。そして、「この国を治めるのは、ただひとり私だけだ。私とともに天下を治める者が、ほかにいるだろうか」と述べた。すると、神々しい光が海を照らし、たちまち浮かび上がってくる者がいた。そして、「もし私がいなければ、おまえはこの国を治めることができただろうか。私がいたから、その大きな仕事を成し遂げることができたのだ」と言った。

そこで大己貴神は問いただした。「それなら、あなたは誰だ」。すると、「私はあなたの幸魂《さきみたま》・奇魂《くしみたま》だ」と言う。大己貴神は、「そのとおりだ。あなたが私の幸魂・奇魂であることは、すぐにわかりました。今、どこに住みたいのか」と問うと、「私は日本国（ヤマト）の三諸山《みもろやま》（奈良県桜井市の三輪山《みわやま》）に住みたい」と言う。そこで宮《みや》を造り、住んでもらうことにした。これが、大三輪《おおみわ》の神である。

ここに登場する三輪山の神は大物主神で、幸魂・奇魂というのは、大己貴神の「穏やかな性格の魂《たましい》・神秘的な力をもった魂」ということになる。

大物主神の娘が姫蹈鞴五十鈴《ひめたたらいすず》姫命《ひめのみこと》であり、神武天皇の妃となったと『日本書紀』はいう。

なぜ出雲神の娘が神武天皇の正妃に選ばれたのかという話は、「神話」そのものとして、これまで史学界から無視されてきた話だ。荒唐無稽な伝説と思われてきたのである。

出雲神の大物主神が住む、奈良でもっとも神聖な山とされる三輪山（奈良県桜井市三輪）。山麓に大神神社が鎮座し、西側の扇状地に纒向遺跡が広がる。

しかし、これを無視することはできない。というのも、

（一）三世紀のヤマトに、都にふさわしい「都市＝纒向《まきむく》遺跡」が誕生していたこと

（二）この遺跡には各地から多くの土器が集まってきていて、ヤマトの王が多くの首長たちの手によって共立されていた可能性が高くなってきたこと

（三）そのなかでも吉備《きび》や出雲は、大きな発言権をもっていた可能性が出てきたこと

などヤマト建国の考古学がわかってきたからである。

纒向遺跡に前方後円墳《ぜんぽうこうえんふん》が誕生し、四世紀になると各地に伝播《でんぱ》し、同一の埋葬方法を共有するゆるやかな連合体が生まれるが、前方後円墳そのものが、多くの地域の弥生時代後期の埋葬文化を寄せ集め、発展させて造られたと考えられている。原型を造りだしたのは吉備と思われるが、出雲の埋葬文化も大きな影響を与えたのである。

したがって、「神武天皇よりも先に出雲神がヤマトにやってきた」という『日本書紀』の記述は、まったくの絵空事とは思えなくなってくるのである。

神武天皇のヤマト入りに刃向かった長髄彦

饒速日命がヤマトに舞い降りると、長髄彦《ながすねひこ》という首長がすでに君臨していたと『日本書

紀』にいう。両者は手を組んだ。ところが長髄彦は、神武天皇のヤマト入りには激しく抵抗している。長髄彦は生駒山《いこまやま》に陣を張り、一度は神武一行を追いやった。やむなく神武天皇は瀬戸内海から紀伊半島を迂回《うかい》してヤマト入りした。天香具山《あまのかぐやま》の呪術を用いて敵を圧倒し、ついに長髄彦との最後の戦いに臨んだのである。神武即位紀元前五年 戊午《つちのえうま》の歳十二月四日の条をみてみよう。

皇軍はついに長髄彦を討った。ただ、何度も攻撃したが、なかなか勝てなかった。すると、突然空がかき曇り、雹《ひょう》が降ってきた。神々しい金色に輝く鵄《とび》が現れ、神武天皇の弓の先に止まった。その光は照り輝き、まるで稲妻のようだった。このため、長髄彦の兵士らは目がくらみ、戦うことができなくなってしまった。「長髄」というのは、邑《むら》の名（地名）であり、それを人の名にしたものだ。ただ、神武天皇が鵄の瑞祥を得たので、この地を「鵄邑《とびのむら》（奈良市西部）」というようになった。今、「鳥見《とみ》」というのは、訛《なま》ったからだ。以前、神武天皇の兄五瀬命《いつせのみこと》が、長髄彦との戦いで殺されていたから、神武天皇はこのことを忘れず、長髄彦を懲《こ》らしめてやろうと考えていた。（中略）

長髄彦は使いを遣わし、次のように述べた。

「昔、天神《あまつかみ》の子が天磐船に乗り、高天の原から降りてこられました。名を櫛玉饒速日命《くしたまにぎはやひのみこと》と申します。私の妹三炊屋媛《みかしきやひめ》（またの名は長髄媛《ながすねひめ》、またの名は鳥見屋媛《とみやひめ》）を娶り、子をなしました。名付けて可美真手命《うましまでのみこと》と申します。私は饒速日命を君として奉ってまいりました。はたして天神の子は、二人いるものでしょうか。あなたは天神の子と偽り、人の土地を奪おうとしているのですか。察するところ、天神の子というのは本物ではありますまい」

そこで神武天皇は、「天神の子といっても大勢いるのだ。おまえが君とする人物が本当に天神の子なら、その印《しるし》があるはずだ。それを見せなさい」と言った。

すると長髄彦は、饒速日命の天羽羽矢《あまのははばや》と歩靫《かちゆき》を示した。神武はそれを見て、「嘘ではない」と認めた。そこで神武も、天羽羽矢と歩靫を見せると、長髄彦に畏敬と恭順の気持ちが湧き上がったようだった。しかし、すでに事を構えてしまっているから、改心はできないと考えた。饒速日命は、もともと天神が心配されているのは、天孫に対してだけだということを知っていた。また、饒速日命は、長髄彦の心はねじれ、神と人の区別を教えても理解できないと判断し、長髄彦を殺して、軍勢を率いて神武天皇に帰順したのである。

神武天皇はもとより、饒速日命は天から降りてきた神であることを聞いていたので、忠を立てたことを褒め、寵愛《ちょうあい》した。饒速日命は物部氏の遠祖である。

これらの説話に登場する、「建国時にヤマトに集まった人々」は、無視できない。

(一) 出雲神大物主神

(二) 長髄彦

(三) 饒速日命

(四) 神武天皇

これらは『日本書紀』編纂者が勝手に創作した人物ではなく、それぞれに深い背景が隠されていたとしか思えない。だいたい、なぜ長髄彦は、饒速日命ならばよくて、神武はだめだったのだろう。義弟の饒速日命が神武を迎え入れようとしていたのに、なぜ長髄彦は、かたくなに拒んだのだろう。このような不自然な話は、作り話ではなく、『日本書紀』編纂者が、ヤマト建国の真相を隠匿するため、長髄彦の頑迷の理由を説明できなかったということだろう。

二 ヤマトにいじめ抜かれた出雲

考古学の発展によってわかった出雲の先進性

ヤマト建国の謎を解く鍵は、「出雲」が握っているように思えてならない。

神話の三分の一を出雲の神々の話が占めるにもかかわらず、かつて考古学者や研究者は、「出雲などどこにもなかった」「出雲は絵空事」と切り捨てていたのだ。

その理由ははっきりとしている。出雲や山陰地方からは、めぼしい遺跡や遺物が見つかっていなかったからなのだ。「物証がないのだから、神話を信じるわけにはいかない」ということになる。

なぜ遺跡や遺物が少なかったかといえば、山陰地方（島根県、鳥取県）の開発は他地域と比べて遅れていて、発掘調査の頻度が低かったのだ。

ところが、ここ二十年ほどで、山陰地方の発掘調査が飛躍的に進展し、島根県の出雲地方の荒神谷《こうじんだに》遺跡（簸川《ひかわ》郡斐川《ひかわ》町）や加茂岩倉《かもいわくら》遺跡（雲南《うんなん》市）から、想像を絶する数の銅剣や銅鐸《どうたく》などの青銅器《せいどうき》が出土し、また西谷墳墓群《にしたにふんぼぐん》（出雲市大津町）からは、巨大な四隅突出《よすみとっしゅつ》型墳丘墓《がたふんきゅうぼ》が発見され、弥生時代後期から古墳時代の初頭まで、この地域には侮《あなど》れない勢力が実在したことがはっきりとしてきたのである。なお、鳥取県からも妻木晩田《むきばんだ》遺跡（米子市淀江町、西伯《さいはく》郡大山《だいせん》町）、青谷上寺地《あおやかみじち》遺跡（鳥取市青谷町）など、規模、内容とも充実した遺跡が発見されているが、ここでは深入りしないことにする。

たとえば、中国地方と山陰地方で生まれた四隅突出型墳丘墓は、出雲周辺で巨大化し、日本海づたいに越《こし》（北陸地方）に伝播している。また、四隅突出型墳丘墓の斜面には貼石《はりいし》が巡らされていたが、これが前方後円墳に採用され、葺石《ふきいし》になったと考えられている。

ヤマト建国直前の三世紀、山陰系の土器は、ヤマトの纒向だけではなく、北部九州地方にももたらされている。出雲は、弥生時代から北部九州地方と交流をもっていたから、ヤマト建国に出遅れた北部九州地方を、ヤマトと結びつける橋渡し役を買って出た可能性も出てきた。

考古学が示したもうひとつの興味深い事実は、ヤマト建国後の出雲の没落であった。纒向に生まれた前方後円墳は、四世紀に東北南部地方まで伝播したが、なぜか出雲では、前方後円墳は造営されず、小ぶりな前方後方墳《ぜんぽうこうほうふん》（前方後円墳ではなく、前も後ろも方形）や方墳が造られた。また、それまで続いてきた集落が消滅するなど、劇的な変化をみせている。

どうやら、出雲は埋没《まいぼつ》し、前方後円墳を造営することも認められなかったようなのだ。

すると、国譲りを強要され、神々が幽界《ゆうかい》に去っていったという出雲の国譲り神話（いわゆる「国譲り伝説」）は、真実だったのだろうか……。

いじめ抜かれた出雲の謎

歴史時代になっても、出雲はいじめ抜かれつづける。

実在したヤマトの初代王と目される崇神天皇の時代、朝廷は出雲にちょっかいを出している。

いじめられたのは出雲神話に登場する天穂日命《あめのほひのみこと》の末裔で、出雲臣《いずものおみ》（出雲国造家《こくそうけ》）の祖にあたる人々だ。天穂日命は出雲の国譲りに際し、工作員として天上界（高天原）から遣わされたにもかかわらず、出雲に同化し、天上界に復命しなかった。ヤマト建国後、彼らは出雲の地にとどまり、出雲国造となり、出雲を支配するようになったのである。

このような出雲国造家の複雑な立場を一応知ったうえで、次の『日本書紀』巻第五の御《み》間城入彦五十瓊殖天皇《まきいりびこいにえのすめらみこと》（崇神天皇）の記述を読むと、じつに不思議な気分になるだろう。

崇神六十年七月十四日、崇神天皇は群臣に詔して、次のように申された。

「武日照命《たけひなてりのみこと》（武夷鳥《たけひなとり》、天夷鳥《あめひなどり》。出雲臣の祖）が天から持ってきた神宝が今、出雲大神《いずものおおかみ》の宮（杵築宮《きづきのみや》、出雲大社）に収められている。これを見てみたいものだ」

そこで矢田部造《やたべのみやつこ》（物部氏の同族）の遠祖武諸隅《たけもろすみ》（大母隅《おおもろすみ》）を遣わし、献上させようとした。このとき、出雲臣の遠祖出雲振根《ふるね》が、神宝を管理していた。ただ、筑紫国《つくしのくに》（北九州地方）に赴いて不在だったために、弟の飯入根《いいいりね》が命じられるままに、神宝を弟の甘美韓日狭《うましからひさ》とその子鸕濡渟《うかずくぬ》に持たせて、献上した。筑紫から帰ってきた出雲振根は、神宝を朝廷に献上してしまったことを聞き、弟の飯入根を責めた。

「数日待つべきだった。何を恐れて、簡単に神宝を渡してしまったのだ」

このの ち年月がたったが、出雲振根の怒りはおさまらず、弟を殺してしまおうと考えつづけた。そこで弟を欺《あざむ》き、次のように誘った。

「このごろ止屋《やむや》の淵《ふち》（斐伊川《ひいかわ》のことか）に藻がいっぱいはえている。一緒に行って、見物しようではないか」

そこで飯入根は、何の疑いもなく兄にくっついていった。出雲振根は前もって、本物の刀そっくりな木刀《こだち》を造り、それを身におびていた。弟が腰におびているのは、本物の刀だ。淵のほとりに到着したら、出雲振根は弟に、「淵の水は清らかで冷たそうだ。ともに水浴びをしようではないか」と言う。弟は兄の誘いに乗り、二人は身におびていた刀を淵の脇に置き、水浴びを始めた。兄の出雲振根は先に水から上がり、弟飯入根の刀を取って身につけた。あとから上がってきた弟は、驚いて兄の木刀を取り、互いに撃ち合った。けれども弟は刀を抜くことができず、出雲振根は弟を斬り殺した。時の人は、次のように歌った。

八雲立《やくもた》つ　出雲梟師《いづもたける》が　佩《は》ける太刀《たち》　黒葛多巻《つづらさはま》き　さ身無《みな》しに　あはれ

（出雲梟師とは、「出雲の武勇の優れた人」の意で、ここでは飯入根ということになる。飯入根が身につけている刀は、葛が巻いてあって見事だが、中身がないのは哀れなことだ）

甘美韓日狭と鸕濡渟は、朝廷に参向して、事の次第を詳細に奏上した。そこで、吉備津《きびつ》彦《ひこ》と武渟河別《たけぬなかわわけ》を遣わして、出雲振根を殺害させた。出雲臣らはこの事件を恐れ、かしこみ、出雲大神（大己貴神）をしばらく祀《まつ》らなかった。時に、丹波《たんば》の氷上《ひかみ》（兵庫県氷上郡氷上町）

の人で氷香戸辺《ひかとべ》という者が、皇太子の活目尊《いくめのみこと》（のちの垂仁《すいにん》天皇）に奏上して、「私には子があって、自然にものを話しはじめて次のように申しました」と言い、その内容は、次のようなものであったという。

「玉萎鎮石《たまものしづくし》。出雲人《いづもひと》の祭る、真種《またね》の甘美鏡《うましかがみ》。押し羽振《はふ》る、甘美御神《うましみかみ》、底宝御宝主《そこたからみたからぬし》。山河《みながは》の水泳る《みなくく》御魂《みたま》、静挂《しづか》かる甘美御神、底宝御宝主」

（玉のような水草の中に沈んでいる石。出雲の人が祀る本物の鏡。力のみなぎった神宝。水底の宝。宝の主。清らかな山河の清める御魂……）

これは子供の言葉にしては難解で、神の言葉に違いないと大騒ぎになり、皇太子は天皇に奏上し、出雲臣に、ふたたび出雲大神を祀らせるようになったのである。

繰り返すが、崇神天皇は、実在の初代王と目されている。ということは、ヤマト建国の直後、出雲はヤマトにいじめられていたことになる。ちなみに『古事記』の景行《けいこう》天皇の段にはこれとそっくりな話が載せられているが、主人公はヤマトタケル（日本武尊《やまとたけるのみこと》）である。

どちらが本当の話だったかという類《たぐい》のものではなく、出雲のいじめ抜かれた話が言い伝えられており、それを『日本書紀』『古事記』の編纂者がそれぞれの見方で取り上げたということであろう。

これは重要なことなのだ。出雲に限って前方後円墳を造ることが許されなかったという考古学の指摘と、この「崇神紀」の記述は整合性をもってくるからである。

次の活目《いくめ》入彦《いりひこ》五十狭《さ》茅《ち》天皇《のすめらみこと》（垂仁《すいにん》天皇）の時代にも、出雲いじめは繰り返された。『日本書紀』巻第六垂仁二十六年八月三日の条には次のような事件が記されている。

垂仁天皇は物部十千根大連《もののべのとおちねのおおむらじ》に勅《みことのり》し、

「使者をしばしば出雲国に遣わし、その国の神宝を検校《けんぎょう》しようとしているが、はっきりと報告する者がいなかった。おまえ自ら出雲に赴き、神宝を検校してくるように」

と命じた。そこで物部十千根大連は、直接出雲に出向き、神宝を取り調べ、はっきりと奏上した。こうして物部十千根大連にその神宝を司《つかさど》らせた。

ここにある「検校」とは、通常は点検することだが、この場合、神宝を朝廷が奪い、同時に祭祀《さいし》権をも奪うことを意味している。要するに、出雲は、祭祀権を放棄し、ヤマト朝廷に服従したのである。

では、なぜヤマト建国の黎明期《れいめいき》に、出雲は二度もいじめられたのだろう。そして、神話にいう出雲の「国譲り」と、歴史時代の出雲いじめは、どこかで通じていたのだろうか。

ヤマト建国後の主導権争いと「祟る出雲」

ヤマト朝廷による出雲いじめで注目しておきたいのは、派遣された人物に偏りが見いだせることである。最初に登場した矢田部造の祖武諸隅は物部氏の同族であり、垂仁天皇の時代に出雲に遣わされたのは、物部十千根であった。そして物部氏とは別に、吉備津彦が出雲いじめに向かっているが、じつは、筆者は物部氏の出身地を吉備（岡山県と広島県東部）と考える。

物部氏はヤマト建国ののち、古墳時代を通じて、ヤマト朝廷最大の豪族として活躍し八世紀に没落するが、その原動力となったのは、瀬戸内海であった。瀬戸内海の優位性を保つためにも、「物部＝吉備」は河内《かわち》に拠点をつくり、ヤマトに乗り込み、ヤマト建国直後の主導権争いを制したのである（拙著『物部氏の正体』新潮文庫を参照）。

やや横道にそれたが、筆者が言いたいのは、要するに、「吉備とヤマトが出雲をいじめ抜いた」というのが、本当のところではなかったか、ということだ。

物部氏と吉備を結びつけるのは、考古学だ。物部氏の本拠地である大阪府八尾《やお》市の一帯から、三世紀の吉備系の土器（特殊器台形土器など）が大量に出土していて、物部氏と吉備のつながりを感じさせる。『日本書紀』は物部氏の祖の饒速日命が、天磐船に乗ってヤマトにやってきたというが、饒速日命は天上界（高天原）からではなく、吉備から瀬戸内海を東に向かい、海路でヤマトにやってきたのだろう。

ヤマトの盆地は、瀬戸内海を一望に見渡せる天然の要害で東国に陸路で通じているから、吉備は瀬戸内海の流通をさらに発展させ、フロンティア（東国）に進出するためにも、ヤマトを必要としたのだろう。

吉備と出雲がヤマト建国に貢献したであろうことは、前方後円墳に両者の育んできたそれぞれの埋葬文化が取り入れられていることからも、読み取ることができる。そして、吉備と出雲が、瀬戸内海と日本海の覇者だったところに、興味をおぼえずにはいられない。

三世紀初頭、それまで他を圧倒するような集落のなかったヤマトに、なぜ突然、前代未聞の巨大な「都市＝纒向遺跡」が生まれたかといえば、ヤマトに拠点をつくり、瀬戸内海と日本海からもたらされる先進の文物を支配するためだろう。だからこそ、瀬戸内海と日

前方後円墳の原型になったと考えられている楯築弥生《たてつきやよい》墳丘墓（岡山県倉敷市）の近辺に、巨大な墳丘墓が集中的に集まっているところから、この地方の王権の一極集中が考えられる。

本海を支配する吉備と出雲が大活躍したに違いないのである。
ところが、ヤマトが建国された時点で、両者間で主導権争いが勃発したのだろう。すなわち、日本海と瀬戸内海の覇権争いであり、だからこそ吉備（物部）が中心となって、出雲潰しが始まったということになる。

出雲神大物主神と忘れ去られた御子

出雲いじめは、思わぬ副産物を生み出したようだ。それは何かというと、「祟《たた》る出雲神の恐怖」である。ヤマト建国の功労者であったはずの出雲がなぜ祟るのだろうか。その答えは、『日本書紀』巻第五の「崇神紀」にある。

崇神五年、国内に疫病《えきびょう》がはやり、人口は半分に減ろうとしていた。
翌六年、百姓《おおみたから》は土地を手放し、流浪し、背《そむ》く者も現れた。天皇の徳をもってしても、これを抑えることはできない有り様であった。天皇は政務に励み、天神地祇《てんじんちぎ》に罪を謝ることを請うた。

これより先のことになるが、天皇は天照大神と倭大国魂《やまとのおおくにたま》（ヤマトの土地の神。ちなみに、旧帝国海軍の戦艦大和にはこの神霊が勧請《かんじょう》されていた）の二柱の神を並べて天皇の御殿の内に祀っていた。ところが、これらの神の勢いを恐れ、ともに住んでいることは不安であった。そこで、天照大神を豊鍬入姫命《とよすきいりひめのみこと》に託し、倭の笠縫邑《かさぬいのむら》に祀り、神籬《ひもろぎ》（神の宿る森）を建てた。また、日本大国魂神《やまとのおおくにたまのかみ》（倭大国魂）を渟名城入姫命《ぬなきのいりひめのみこと》に託し、祀らせた。しかし、渟名城入姫命の髪は抜け落ち、やせ細り、祀ることができなかった。

崇神七年二月、天皇は詔し、次のように述べている。

「昔、わが皇祖は、おおいに鴻基《こうき》（王の大事業の礎《いしずえ》）をお開きになり、その後、聖業（天子の事業）はいよいよ高く、天皇の徳風も、さらに高まった。ところが、思いもよらず、私の代になって、数々の災害に見舞われている。おそらくは、善政が敷かれず、咎《とが》を天神地祇から受けているのではあるまいか。神亀《しんき》の占い（神亀の甲羅で吉凶を占う）によってその理由をはっきりとさせずにいられようか」

そこで崇神天皇は神浅茅原《かむあさじはら》（奈良県桜井市茅原《ちわら》）に行幸《ぎょうこう》になり、八十万《やそよろず》の神々を集め、試しに占ってみた。すると神が倭迹速神浅茅原目妙姫《やまととはやかむあさじはらまくわしのひめ》（倭迹迹日百襲姫命《やまとととひももそひめのみこと》。第七代孝霊《こうれい》天皇の皇女で巫女《みこ》）に憑依《ひょうい》し、次のように述べた。

「天皇よ、なぜ国の治まらないことを憂えるのか。もしよく私を敬い祀れば、かならず平穏が訪れるであろう」

　そこで崇神天皇が名前を問うと、

「われはこれ、倭国《やまとのくに》（これは大和国）の中にいる神で、名を大物主神という」

と名乗りを上げた。そこで、そのとおり、この神を祀ってみた。だが、何も変化はなかった。

　そこで崇神天皇は、沐浴斎戒《もくよくさいかい》して穢《けが》れを払い、殿内を清浄した。そして神意を問うと、

「私は神を十分敬っていないのだろうか。なぜ、祈りを受け入れてもらえないのだろう。願わくは、夢の中でお教えいただき、神恩を与えていただきたい」

と申された。するとその夜、夢の中にひとりの貴人が現れ、自ら大物主神であることを名乗り、次のように語った。

「そう心配しなさいますな。国の治まらないのは、私の意志なのだ。もしわが子大田田根子《おおたたねこ》を探し出し私を祀れば、たちどころに世に平穏は戻り、海の外の国はおのずから帰服してくるだろう」

　このお告げは、崇神天皇だけが聞かれたのではなかった。この年の八月、倭迹速神浅茅原目妙姫（倭迹迹日百襲姫命）と穂積臣《ほづみのおみ》の遠祖大水口宿禰《おおみくちのすくね》と伊勢麻績君《いせのおみのきみ》（麻の和衣を織り

伊勢神宮に奉納する一族）の三人も、夢をみていた。それによると、

「昨夜の夢にひとりの貴人が出ていらっしゃいました。そして、大田田根子をもって大物主神を祀る主とし、また、市磯長尾市《いちしながおち》をもって倭大国魂を祀る主とすれば、かならず天下太平になるだろう、と言うのです」

天皇はこの話を聞いて、ますますうれしくなった。天下に布告し、大田田根子なる人物を捜し求めたのだった。すると、茅渟県《ちぬのあがた》の陶邑《すえのむら》（大阪府堺市）で見つかった。天皇は自ら神浅茅原に出向き、主だった者を集め、大田田根子に問いただした。

「あなたは誰の子なのか」

「父を大物主神と申し、母は、陶津耳《すえつみみ》（陶邑の長）の娘の活玉依媛《いくたまよりひめ》と申します」

と田根子は答えた。

また、陶津耳の別名を奇日方天日方武茅渟祇《くしひかたあまひかたたけちぬつみ》ともいう。ちなみに「日方」には、日の方角（東）から吹く風の意味がある。

崇神天皇は、これで繁栄がもたらされるだろうと思われた。そして、物部連《もののべのむらじ》の祖の伊《い》香色《かがしこ》雄《お》（物部氏の祖）をして「神班物者《かみのものわかつひと》（神に捧げる幣帛《へいはく》をわかつ人）」に任ずることを占うと吉と出て、ほかの神を祀ろうとすることを占うと、不吉と出た。

同年十一月、崇神天皇は伊香色雄に命じられて、物部八十手《もののべのやそて》（物部の多くの人々）が作るたくさんの平皿を祭神のものとされた。また、大田田根子を大物主神を祀る祭主とし、長尾市を倭大国魂を祀る主とされた。その後に、ほかの神を祀ることを占うと、吉と出た。そこで八十万の神々を祀り、天社《あまつやしろ》（天神を祀る社）、国社《くにつやしろ》（国神《くにつかみ》を祀る社）、神地《かむところ》（神社をまかなう田）、神戸《かんべ》（神社に属する家と民）を定められた。そうすると、疫病の流行は終息し、国中が静かになった。五穀は実り、豊饒《ほうじょう》がもたらされたのである。

崇神天皇と大田田根子の関係

長い話を訳してみたのは、この中にいくつもの問題点が隠されていて重要だからである。まず第一に、なぜかこの場面で、伊勢神宮《いせじんぐう》の起源にまつわる話が混じっていること、もう一点は、まったく関係のないはずの外交問題がからんでくること、そして第三に、ヤマト建国の黎明期に、出雲神大物主神が疫神となって、人々を苦しめていたらしい（あるいは人々がそう信じていた）ことである。

まず第一点の、伊勢神宮の起源にまつわる話であるが、伊勢神宮の祭神は男性ではないかと、筆者は疑念を抱いているが（拙著『伊勢神宮の暗号』講談社を参照）、三輪山周辺では、「三輪と伊勢は同じ神」と言い伝えられてきた。三輪の神は改めて述べるまでもなく出雲神大物主神で、祟る恐ろしい神だ。

『日本書紀』のこの場面で、天照大神を崇神天皇は恐れ、「一緒に暮らすことはできない」と遠ざけようとしている。それはなぜかといえば、三輪の大物主神と伊勢の天照大神が、祟る恐ろしい神と、崇神天皇は認識していたからだろう。『日本書紀』のいうように、天照大神が天皇家の祖神だとすれば、「恐ろしい天照大神」は、どうにも納得できない。これには何か、裏があるに決まっている。

次の一点は、外交問題である。大物主神は夢の中で、「大田田根子を連れてきて私（大物主神）を祀れば、海の外の国はおのずから帰服してくるだろう」と言っている。これまで一連の話は「おとぎ話」として捨て去られていたが、作り話にしては、脈絡のない場面で外交問題が語られていることが、不自然である。

ひょっとして、ヤマト建国時の混乱は、朝鮮半島との外交問題も大きくからんでいたのではないかと察しがつく。

第三点は、やはり「出雲」には、これまで語られることのなかった秘密が隠されていることが考えられる。「出雲」は神話の世界からはみ出て、歴史時代に至っても、暴れ回り、人々を苦しめたと、『日本書紀』はいう。これまで史学者たちは、「出雲神の祟りなどばからしい」と、鼻で笑っていたのだ。しかし、「恐ろしい天照大神」や、「出雲神が語った外交問題」という貴重な証言を、このまま捨ててしまってよいのだろうか。おとぎ話には必要のない設定がここに施されているということは、『日本書紀』編纂者が隠そうとして隠しきれなかった秘密が埋もれている、ということではあるまいか。

なぜか古代史を彩《いろど》る多くの謎は、「祟る出雲神」とかかわってくる。

ヤマト建国後に出雲をいじめたのは、「吉備＝物部氏」であった。物部氏の祖饒速日命は、早い段階でヤマトに入り、長髄彦の妹を娶り、君臨していた。ところが、神武天皇がやってくると、あっさり禅譲《ぜんじょう》してしまう。これはどう考えても不自然だ。

そこで、以下のようなひとつの仮説が必要となる。

出雲神の祟りを恐れ、大田田根子をヤマトに連れてきたのは崇神天皇だが、この天皇こそ饒速日命ではなかったか。そして、大田田根子を神武天皇と考えると、多くの謎が解けてくる。

ヤマト建国以来、ヤマトの王は独裁権力を与えられず祭司王の地位に甘んじたが、祭司王が何をしていたかというと、「祟り神から民を守るために祭祀を執り行う」ことであり、その役割は、大田田根子と共通である。

ちなみに三輪山山頂には、高宮《こうのみや》神社があって、日向御子《ひむかのみこ》が祀られる。大物主神が祀られていないところに大きな謎があるが、通説はこれには無頓着で「日向御子は太陽信仰」と決めつけ、すましている。けれども、「御子（童子）」の名を負うからには、この神は「恐ろしい鬼」であり、「日向」を地名と考えれば、「日向からやってきた恐ろしい鬼のような神」を意味していることがわかる。そして、あてはまるのは、神武天皇である。

ならば、本来敵対していたはずの出雲神と天皇家の間に、どのような接点があったのか、という新たな謎が生まれる。このあたりの事情は、第三章で述べようと思う。

三　ヤマトタケル（日本武尊）と尾張氏の秘密

前方後円墳よりも前方後方墳が先に広まっていた！

崇神天皇と大田田根子の関係を探るためにも、遠回りをしなければならない。ふたたび考古学の話だ。

ヤマト建国というと、前方後円墳ばかりがもてはやされるが、意外にも、前方後円墳よりも前方後方墳のほうが、各地に先に伝播していたという指摘が、近年提出されている（植田文雄『「前方後方墳」出現社会の研究』学生社を参照）。

前方後方墳は、前方後円墳とほぼ同時に、近江《おうみ》から伊勢湾沿岸地域（尾張地方も含まれる）に出現し、広大な地域で採用されていった。この事実は、重大な意味をもっている。というのも、ヤマトの纒向遺跡に残された近江と尾張系の土器を合わせると、外来系の土器の過半数を超えていたからである。

「東国は未開の地域」というこれまでの常識が邪魔立てし、近江と尾張の人々は、労働

下侍塚《しもさむらいづか》（栃木県大田原市、墳丘長83メートル）は、元禄5年（1692）に徳川《とくがわ》（水戸）光圀《みつくに》が学術的な目的で発掘調査をしたことで知られる前方後方墳で5世紀ころのもの。すぐ近くに上侍塚（墳丘長114メートル）、那須国造碑（国宝）を祀る笠石神社がある。

力として駆り出されたのだ、と説明されてきた。しかし、前方後方墳という物証が、これまでの考えを改めてほしいと訴えているのである。

そこで、もうひとつ、通説では納得できない事実が浮かび上がってくる。それは、『日本書紀』の態度で、ヤマト建国にかかわったのは、出雲神大物主神、長髄彦、饒速日命、神武天皇だという。このなかに、東国からヤマトにやってきた人物は登場しない。わずかに、ヤマト先住の首長の名として長髄彦があって、「脛《すね》が長い」という表現に、縄文人《じょうもんじん》の特徴を暗示しているのではないか、とする説がある。縄文人は東国に偏在していたから、長髄彦と東のつながりを疑ってかかる必要がある。

奈良の盆地は、縄文時代から、長い間東国とつながっていた。奈良と東国の間には、すでに陸路の流通ルートが通じていた。さらに、稲作文化が流れ込む直前には、奈良盆地に縄文的な土偶《どぐう》文化が出現している。どうやら、西から押し寄せてくる稲作文化をはね返す呪術として、土偶の魔力を使っていたようだ。

また、民俗学的にみれば、東西日本では、文化の違いや嗜好《しこう》に差がある。たとえば、餅《もち》の形は四角（東）と丸形（西）の違いがあり、さらに、食べ方には焼く（東）と煮る（西）の違いがあるが、奈良県では「丸餅（西）を焼く（東）」という、関西では珍しい食べ方をしている。意外にも、このような些細《ささい》な文化や嗜好の中に、奈良と東国地方の長い交流の歴史が隠されているように思えてならない。

ただそうはいっても、これらが長髄彦と東国を結びつける決定的な証拠となるわけではない。ではヤマト建国と東国の影響力を、これ以外に見つけ出すことはできるのだろうか。

ヤマト建国史の裏側

これは不思議なことなのだが、「尾張」は常に、歴史から消される運命を背負い込んでいたようなのだ。というのも、七世紀にも、尾張氏は歴史から抹殺されているからだ。「壬申《じんしん》の乱」(六七二)で、尾張氏はいまだ勝敗の行方が定かでない段階で大海人皇子《おおあまのみこ》(天武《てんむ》天皇)に加勢し、もっとも勝利に貢献しているにもかかわらず、『日本書紀』は活躍のいっさいを記録しなかったのである。

「壬申の乱」における尾張氏の功績は、『日本書紀』の次に記された正史『続日本紀《しょくにほんぎ》』の記録によって、かろうじて知ることができる。尾張氏はなぜか、『日本書紀』に嫌われていたようだ。尾張氏はヤマト建国当時、前方後方墳を造営した地域を支配していた可能性がある。『日本書紀』編纂時の政権にとって、ヤマト建国と「壬申の乱」にかかわりをもっていた尾張氏は、邪魔な存在だったのだろうか。

神話の中に、興味深い神が存在する。それが、出雲の「国譲り」に派遣された最後の切り札となった神々である。

高天原（天上界）から遣わされる神々は、みな出雲に同化してしまって復命してこない。そこで高皇産霊尊《たかみむすひのみこと》は経津主神《ふつぬしのかみ》と武甕雷神《たけみかずちのかみ》を葦原中国《あしはらのなかつくに》に遣わした。二柱の神それぞれが、物部氏と尾張氏とかかわりをもっている。

経津主神の「フツ」は、魔物を斬るときの音で、経津主神は「韴霊《ふつのみたま》」という霊剣でもある。物部氏とゆかりの深い石上神宮《いそのかみじんぐう》（奈良県天理市）を『延喜式《えんぎしき》』は石上坐布都御魂《いそのかみにますふつのみたま》神社《じんじゃ》と記す。『肥前国風土記《ひぜんのくにのふどき》』三根郡物部郷《みねのこおりもののべのさと》の条には、郷の中に神社があること、祭神を経津主の神と記録している。

では、武甕雷神はどうだろうか。『古事記』によれば、迦具土神《かぐつちのかみ》の斬られた首から生まれたのが建御雷之男神《たけみかずちのおのかみ》（武甕雷神）だったといい、尾張氏の祖は天香語山命《あまのかごやまのみこと》で、武甕雷神と尾張氏、どちらも「カグ」とかかわりをもっていたことがわかる。迦具土神は十掬《とつかの》剣《つるぎ》で斬られたが、この剣を「天之尾羽張《あめのおわばり》」といい、やはり、「カグ」の神と「尾張」が重なってくる。

出雲いじめに走った二柱の神は、物部氏と尾張氏の祖であろう。『日本書紀』は無視するが、物部氏と尾張氏は、非常に近しい関係にある。

物部系の文書『先代旧事本紀《せんだいくじほんぎ》』の中で、物部氏と尾張氏は親族として描かれる。これは『日本書紀』にはなかった話だ。しかも、石見国《いわみのくに》（島根県西部地方）の物部神社（島根県大田《おおだ》市川合町）の伝承によれば、ヤマト建国ののち（神武天皇に王権を禅譲後）、饒速日命の子の宇摩志麻遅命《うましまぢのみこと》（可美真手命《うましまでのみこと》）と尾張氏の祖の天香語山命は、手を携えて日本海に進出し、尾張・美濃《みの》・越国を平定、天香語山命は弥彦《やひこ》（新潟県西蒲原《かんばら》郡弥彦村には弥彦神社がある）にとどまり、一方、宇摩志麻遅命はさらに各地を回り、播磨《はりま》・丹波国を経由して石見の地に舞い降りたという。

二人がつくった拠点は、弥生時代後期の四隅突出型墳丘墓文化圏を挟み込むような形をしていて、これを筆者は、物部氏と尾張氏による出雲勢力圏の封じ込め作戦とみなすが、物部神社の伝承は、神話の経津主神と武甕雷神の活躍と重なってみえる。『日本書紀』に記されたヤマト建国史の裏側で、なぜか物部氏と尾張氏はつながっていたのだ。そして『日本書紀』は、「尾張」そのものをヤマト建国史から排除し、物部氏と尾張氏の関係を無視したのである。

長髄彦はヤマトタケル（日本武尊）だった？

『日本書紀』によって抹殺されてしまったが、尾張氏や東国勢力のヤマト建国に果たした役割は、再現することは可能なのだろうか。

それにはここで、ひとつの仮説を用意しなければならない。それは、「長髄彦の正体はヤマトタケル（日本武尊）だった」というものだ。

歴史作家梅澤恵美子は、「長髄彦」の「長い脛」を、「縄文人的な体型」というこれまでの考え方ではなく、「鳥の足」と推理した。鴇《とき》や鶴、鷺《さぎ》といった鳥の長い足だ（ヤマトタケルは死後白鳥となり御陵《ごりょう》を飛び立ち、河内国志幾《しき》〈大阪府柏市〉へとどまりそこに鎮座《ちんざ》したという「白鳥伝説」がある）。そして、「長髄彦はヤマトタケルだ」と喝破《かっぱ》した。ヤマトタケルは東国で亡くなり、魂は白鳥となり、ヤマトを目指した。長髄彦は、そのヤマトタケルと重なってくる、という。

もちろん、ヤマトタケルは第十二代景行天皇の子（五人兄弟の三番目）で、崇神天皇がヤマト建国時の王とすれば、ヤマトタケルとヤマト建国とは少し時代がずれてくる。しかし筆者は、ヤマトタケルの孫の第十五代応神《おうじん》天皇と初代神武天皇は同一人物とみる（拙著

『ヤマトタケルの正体』PHP研究所を参照)。

さて、そこで、『日本書紀』巻第七大足彦忍代別 天皇《おおたらしひこおしろわけのすめらみこと》(景行天皇)に描かれたヤマトタケルの行動を、追ってみよう。ヤマト建国の秘密を解くための鍵が、何か残されているだろうか。話は、景行二十七年八月の条から始まる。

八月、熊襲《くまそ》(南九州の部族)が背き、辺境を侵してやまなかった。

十月十三日、景行天皇はヤマトタケルを遣わして、熊襲を討たせた。時にヤマトタケルは、十六歳であった。ヤマトタケルは、「私は、弓の達人を得て、ともに行こうと思う。誰か知らぬか」と言った。ある人が、「美濃国(岐阜県)にいます。弟彦君《おとひこのきみ》といいます」と申し上げた。ここにヤマトタケルは葛城の人宮戸彦《みやとひこ》を遣わして、弟彦君を召さしめた。弟彦君は石占《いしうら》の横立《よこたち》(三重県桑名市)と尾張の田子稲置《たごのいなき》(稲置とは村の首長)の乳近稲置《ちちかのいなき》を率いてやってきた。宮戸彦らはヤマトタケルに従って行った。

十二月、熊襲国(熊本県南部から鹿児島県の薩摩半島、大隅半島にかけての国)に到着した。そこで、敵情視察をした。時に、熊襲に首長がいた。名を取石鹿文《とろしかや》、または川上梟帥《かわかみのたける》という。親族を集めて、宴を開こうとしていた。ここにヤマトタケルは、髪を解いて童女の姿となって、ひそかに川上梟帥の宴が始まるのを待った。剣を服の中に隠し、宴が開かれている部屋に入り、女人たちの中に紛れ込んだ。川上梟帥は童女（ヤマトタケル）の姿を愛で、手を引いて脇に据え、杯をあげて飲ませ、遊んだ。時に、夜はふけて人もまばらになった。川上梟帥は酩酊《めいてい》したので、ヤマトタケルは剣を抜いて、川上梟帥の胸を刺した。息が絶える前に、川上梟帥は頭を地べたにくっつけて、「しばらくお待ちください。言いたいことがあります」と懇願した。そこでヤマトタケルは、剣をとどめて待った。川上梟帥は、「あなたはどなたさまですか」と申し上げた。ヤマトタケルは、「私は大足彦天皇（景行天皇）の子である。名は日本童男《やまとおぐな》という」と言った。川上梟帥は「私は国中でもっとも強い男です。誰も私に勝つことはできず、みな私に従います。私は多くの力持ちに会いましたが、いまだ皇子のような若者に会ったことがございません。ですから、私のような卑しい者が卑しい口で、尊号を奉りたく思います。許していただけるでしょうか」と申し上げた。ヤマトタケルが「許そう」と言うと、川上梟帥は「今からのち、皇子を名付けて、ヤマトタケルと称《たた》え申し上げましょう」と述べた。ヤマトタケルは剣で川上梟帥の胸を突き刺し、殺した。今に至るまでヤマトタケルと称えられるのは、このためである。のちに、弟彦らを遣わして、生き残っていた賊を皆殺しにした。ヤマトタケルは海路でヤマトに向かった。吉備に至って穴海《あなのうみ》（広島県福山市）を渡った。そこに悪神（塞ノ神《さいのかみ》）がいたので、殺した。また、難波《なにわ》に至り、柏済《かしわのわたり》（淀川河口付近）の悪神を殺した。

二十八年二月一日、ヤマトタケルは熊襲を平定したことを景行天皇に奏上した。「私は、天皇の神霊を頼み、兵を挙げ、熊襲の首長を誅殺《ちゅうさつ》し、その国を平定しました。こうして西方の国（九州）は鎮まり、百姓は穏やかに暮らしております。ただ、吉備の穴海と難波の柏済の神は、みな逆心があって、毒気を吐き、道行く人々を苦しめ、災禍《さいか》の倉（源）となっています。そこで、悪神を殺し、水陸の道を開きました」と申し上げると、天皇はヤマトタケルの功績をお褒めになり、特別に寵愛した。

七月十六日、天皇は群卿に詔して、「今、東国は荒ぶる神が多くいて、騒がしい。蝦夷《えみし》たちはことごとく背き、民を略奪している。誰か遣わして乱を平らげたい」と申されたので、群臣は、誰を遣わすべきか、迷った。するとヤマトタケルは奏上した。「私は先に力を尽くし、西を討ちました。この戦いは、かならず大碓皇子《おおうすのみこ》（ヤマトタケルの兄）が適任でしょう」と申し上げた。ところが大碓皇子は、驚いて草むらの中に逃げて隠れてしまったので、使いを遣わして連れ戻した。天皇は皇子を責めて、「おまえがいやがるのに、なぜ東国に遣わすことがあろうか。賊を退治したわけでもないのに、その脅えようはなんだ」と申された。そこで大碓皇子に美濃（岐阜県）を与え、大碓皇子は赴き、治めた。身《む》毛《げ》津君《つのきみ》と守君《もりのきみ》の始祖である。

ヤマトタケルは雄叫びを上げて、「熊襲を平らげてまもないというのに、東の蝦夷が背きました。いつになったら、太平がやってくるのでしょう。私は疲れていますが、この乱を鎮圧してみせましょう」と申し上げた。そこで天皇は、斧鉞《ふえつ》（殺生の権限をもつ者の証）をヤマトタケルに授けた。

記紀の相違点

これが、『日本書紀』のヤマトタケルの熊襲征討と、東国に遣わされる経緯である。『古事記』の説話とは大きく異なっていることが、まず注目される。『古事記』には、たとえば、

（一）ヤマトタケルが熊襲征討に遣わされた理由は、まったく異なる。兄の大碓皇子を厠《かわや》で待ち伏せし殺したうえに、遺骸をバラバラにしてしまい、景行天皇は恐れおののき、放逐《ほうちく》同然に九州に向かわせたとある。

（二）九州からの帰り道、ヤマトタケルは出雲に立ち寄り、卑怯《ひきょう》な手口で出雲梟師《いずものたける》をだ

ヤマトタケル（日本武尊）征討経路

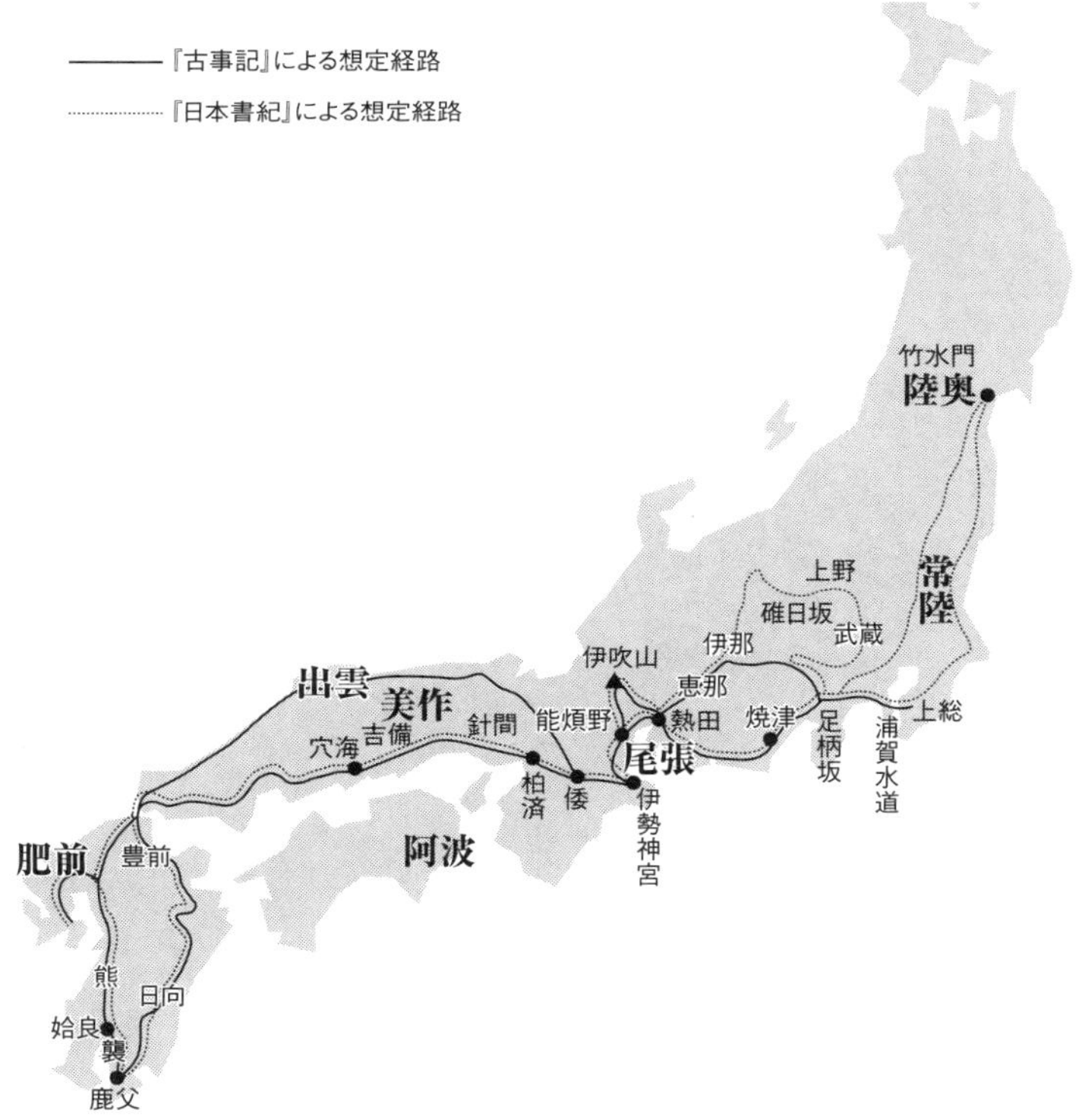

出典：瀧音能之『図解 古事記と日本書紀』（PHP 研究所）、中村修也編著『日本書紀の世界』（思文閣出版）を一部修正・加筆してある。

ヤマトタケル（日本武尊）は九州の熊襲や東国のまつろわぬ者の平定に活躍するが、その征討経路は記紀により若干異なる。

まし討ちにし、成敗《せいばい》したからだとある。

このうち（一）の話はやや複雑であるが、要約してみよう。景行天皇が美濃国の国造の祖大根王《おおねのみこ》の二人の娘が美しいことを知り、大碓皇子を差し向け、召し上げた。ところが大碓皇子は、姉妹を娶り、父天皇には別人を偽って献上していた。これを知り天皇は、代わりの女とは閨《ねや》を共にしなかった。

しばらくたったある日、景行天皇が子の小碓皇子《おうすのみこ》（のちのヤマトタケル）に尋ねた。

「なぜおまえの兄の大碓皇子は朝夕の食事に参上しないのだ。ねんごろに教え諭《さと》してやれ」

その後も大碓皇子は参上しなかったので、その理由を小碓皇子に尋ねたら、

「ねんごろに教え諭してやりました」

と小碓皇子は答えた。

「どのようにねんごろに教え諭したのだ」

「厠で待ち伏せし殺し、遺骸をバラバラにして、薦《こも》に包んで投げ捨てました」

と平然と答えた。

景行天皇が「ねんごろに教え諭してやれ（ねぎし教え覚せ）」と言った意味は、「ねぎらい」の意味であるが、小碓皇子はこれを理解していなかった。天皇は小碓皇子の荒々しい

乱暴ぶりに恐れを抱いたのである。

次に、(二) は『日本書紀』には載らないが、『古事記』には、ヤマトタケルの出雲征討説話が記されている。地方の首長をだまし討ちにしたのは、天皇家の歴史を飾りたてるための単なる創作なのであろうか。また、その説話が、出雲国造家の祖出雲振根の飯入根殺しにそっくりなのは、妙にひっかかる。

なぜ、『日本書紀』と『古事記』では、異なる説話が載せられているのだろうか。

解き明かされなければならないヤマトタケルの大きな謎は、まだまだ続く。

日本一の鬼だったヤマトタケル

このあと、四十年七月、景行天皇は、東国の民が、王化に従わぬ野蛮な民であることを群卿に語ったあと、じつに意味深長な発言をする。

「今、私がおまえ（ヤマトタケル）の人となりをみるに、体は大きく、容姿端麗だ。鼎《かなえ》を持ち上げるほどの力をもち、勇ましさは雷電《らいでん》のようだ。向かうところ敵なく、攻めればかならず勝つ。形はわが子だが、じつは神人《かみ》（人の姿をした神）であることを知った。これは本当に、天は私が幼稚でうまく治められないのを哀れみ、天《あま》つ日嗣《ひつぎ》の大業を治め、国を絶えないようにしていただいているのだ。この天下は、すなわちおまえの天下である。この位も、おまえの位である。願わくは、深謀遠慮をもって、邪悪な者を探し、背く者をうかがい、威を示し、なついてくる者は徳をもって接し、できれば武力ではなく、おのずと恭順してくるように仕向けろ。言葉巧みに暴虐な神を鎮め、武をふるって悪い鬼を退治しろ」と申されたのである。

ここまでの一連の説話の中で重要なことは、二つある。

まず第一に、ヤマトタケルや兄の大碓皇子が、なぜか「前方後方墳勢力」と接点をもっているることである。熊襲征討に向かったヤマトタケルは、この地域の人脈に助太刀されていたが、東国征討に赴くと、ヤマトタケルは尾張氏の祖宮簀媛《みやずひめ》と結ばれ、草薙剣《くさなぎのつるぎ》(いわゆる「三種の神器」のひとつ)を尾張に預け、近江の伊吹山《いぶきやま》に向かう。そして伊吹山の神の怒りにふれ毒気にあたり、衰弱してしまう。その帰途、ヤマトタケルは、能煩野《のばの》(三重県亀山市)で、

倭《やまと》は　国《くに》のまほろば　たたなづく　青垣《あをがき》　山籠《やまこも》れる　倭しうるはし

（大和は日本中でもっとも優れた国だ。重なり合う青い垣のように、山々に囲まれたヤマトは美しい）

とヤマトを偲《しの》んで亡くなるのだが、この地がやはり前方後方墳の文化圏であったことも、無視できない。

もうひとつ注目すべきは、景行天皇がヤマトタケルを「神」と称え、天皇と同等の地位にあると持ち上げ、また「鬼退治をしてこい」と命じられていることである。

じつは、ヤマトタケルの正体は、まさにここにあった。ヤマトタケルのもともとの名は「日本童男」で、日本を代表する童子だったこと、事実、熊襲征討に際し「童女」となったのは、ヤマトタケルが、一寸法師《いっすんぼうし》や桃太郎《ももたろう》のような「鬼退治をする童子」と同類だったことを意味する。

なぜ童子が鬼を退治したのかといえば、童子の強烈な生命力と、「産まれる」という奇跡に近い者として、神聖な存在だったからだ。童子は神であり、鬼でもあった。多神教世界では、神には二面性があって、幸をもたらすありがたい存在でありながら、一方では祟りや災害をもたらす、恐ろしい者でもあった。だから、鬼を退治できるのは、強烈な生命力に支えられた童子に限られたのである。

そして、景行天皇はヤマトタケルを「神」と称賛したが、これを額面どおりに受け入れてはなるまい。童子は神であるとともに、祟る鬼で、恐ろしい力をもって、人々に恐れられる者だった。だから、『日本書紀』はヤマトタケルを英雄として称賛するが、『古事記』は、ヤマトタケルを「それはそれは恐ろしい人」と記録するのである。

通説では、ヤマトタケルは実在しない、神話上の人物と考えられている。しかし、『日本書紀』の設定の中で、ヤマトタケルは生身の生きた人間であり、立派な為政者であった。聖徳太子もそうなのだが、歴史上の人物で、神ではないのに神扱いされた者は、たいがいの場合、何かしらの恨みを抱いて亡くなっていった者なのである。だからこそ、ヤマトタケルは「日本童男（「日本を代表する童子＝日本一の鬼」）」と恐れられたのだろう。

そうであるならば、ヤマトタケルは、朝廷の歴史を飾るための偶像ではなく、歴史を抹殺するために編み出された虚像であり、モデルが存在していた可能性が出てくる。そして先述したように、梅澤恵美子は、ヤマトタケルは長髄彦と同一人物で、前方後方墳の勢力圏からヤマトに入り、ヤマトの基礎を築いたにもかかわらず、饒速日命に裏切られ、恨みを抱き滅亡したのではないかと主張するのである。傾聴すべき見解であろう。

『古事記』は宮簀媛が尾張国造の祖とするが、女性を祖とするのは不思議なことだ。宮簀媛と結ばれた男性は、ヤマトタケルなのだから、彼こそ尾張氏の始祖としてふさわしい。

それにもかかわらず、ヤマトタケルがヤマトの天皇家の英雄として歴史に名をとどめたのは、ヤマトタケルが「尾張からヤマトに乗り込んだ長髄彦だったため」と考えると、謎が解けてくるのではなかろうか……。

「新たな勢力」蘇我氏の出現

前方後方墳は前方後円墳に先んじ、いち早く各地に伝播していた。そしてヤマトには、近江と尾張の土器が流入し、外来系土器の過半数を占めていた。ところが、『日本書紀』は東国からやってきた巨大勢力の存在を、明記していなかった。すると、唯一素性のはっきりとしない長髄彦が、前方後方墳勢力圏（近江・東海地方）からやってきて、前方後円墳体制と手を組んだ可能性は、高まるばかりだ。そして、前方後円墳勢力と前方後方墳勢力は、ともに手を携え、出雲を追い落としたのだろう。

こうして、ヤマトを構成していた勢力は、ひとつ消え、新たな体制が敷かれた。ところが、なぜか前方後方墳は次第に前方後円墳に圧倒されていく。

また、流通という視点からも、ヤマト建国後の前方後方墳勢力圏の凋落《ちょうらく》は明らかだ。関東地方に流れ込む文物は、当初、東海・北陸地方を介し、二つの地域の影響が及んでいたが、次第に畿内から関東へと、文物の流れは一元化されていく。やはりここでも、前方後方墳勢力は後退しているのである。

前方後方墳の消滅と近江・東海勢力の衰弱は、「ヤマト建国にもっとも貢献したのに裏切られた長髄彦とヤマトタケル」の姿と重なってくる。「長髄彦＝ヤマトタケル」は、吉備からやってきた饒速日命に裏切られ、恨みを抱いて死んでいったのだろう。ヤマトタケルが「日本童男」と称えられ、神と称賛され、祟る鬼とみなされたのは、このような経緯があったからと考えられる。七世紀末に至っても、ヤマトタケルは恐れられ、陵墓が鳴動したというだけで朝廷は震え上がったと『日本書紀』にはある。それは、ヤマト建国前後の主導権争いのすさまじさが、七世紀、八世紀に語り継がれていたからであろう。

ここで、ひとつの新たな謎が浮かんでくる。ヤマト建国の経緯を八世紀の朝廷は詳しく知っていたにもかかわらず、話をはぐらかし、登場する人物の正体をごまかした、その理由はどこにあったのか、ということである。

ただし、この答えは意外とシンプルだと思う。

それは、ヤマト建国時の蘇我氏の活躍が、八世紀の朝廷にとって、邪魔でしかたなかったということだろう。繰り返すが、『日本書紀』編纂の最大の目的は、蘇我本宗家を滅亡に追い込み、藤原氏が権力を握ったことの正当性を訴えることにあった。その蘇我氏が、ヤマト建国に貢献していたとすれば、当然、藤原氏は歴史の捏造、改竄を意識してやっただろう。

そこで次章では、「新たな時代を築くための産みの苦しみ」の鍵を握る女傑・女帝たちにスポットを当て、『日本書紀』が隠してしまった歴史を再現してみたい。

第三章
女傑・女帝たちが歴史を動かした

秋七月、蘇我馬子宿禰大臣勧諸皇子与群臣、謀滅物部守屋大連。泊瀬部皇子・竹田皇子・厩戸皇子・難波皇子・春日皇子・蘇我馬子宿禰大臣・紀男麻呂宿禰・巨勢臣比良夫・膳臣賀拖夫・葛城臣烏那羅、倶率軍旅、進討大連。大伴連噛・阿倍臣人・平群臣神手・坂本臣糠手・春日臣、闕名字。倶率軍兵、従志紀郡到渋河家。大連親率子弟与奴軍、築稲城而戦。於是大連昇衣揩朴枝間、臨射如雨。其軍強盛、填家溢野。皇子等軍与群臣衆、怯弱恐怖三廻却還。

是時厩戸皇子束髪於額、古俗、年少児、年十五六間、束髪於額、十七八間、分為角子。今亦然之。而随軍後。自忖度曰、将無見敗。非願難成。乃斮取白膠木、白膠木、此云農利泥。疾作四天王像、置於頂髪而発誓言、今若使我勝敵、必当奉為護世四王、起立寺塔。蘇我馬子大臣又発誓言、凡諸天王・大神王等、助衛於我使獲利益、願当奉為諸天与大神王、起立寺塔、流通三宝。誓已厳種種兵、而進討伐。爰有迹見首赤檮、射堕大連於枝下、而誅大連并其子等。由是大連之軍忽然自敗。合軍悉被皁衣、馳猟広瀬勾原而散。

用明二年七月条

出典：『新編日本古典文学全集　日本書紀』（小学館）による。

一　神功皇后と神武天皇の秘密を探る

古代史の盲点は「東」である

『日本書紀《にほんしょき》』のヤマト建国を巡る記事に、考古学の指摘を組み合わせれば、これまで想像もつかなかったような、はっきりとした歴史が浮かび上がってくる。

それにしても、なぜこれまで、古代史は謎だらけだったのだろうか。それは、いくつもの固定観念に縛られてきたからであろう。たとえば、古代史最大の盲点は、「東」だと思う。ヤマト建国時から、すでに「東」は、大きな影響力をもっていたのに、誰も関心を示さなかったのである。

ヤマト建国直前の二世紀後半、西日本は鉄器の流通を誰が掌握するのか、主導権争いに明け暮れていた。圧倒的に優位だったのは、鉄の産地である朝鮮半島にもっとも近い北部九州で、出雲《いずも》と吉備《きび》が次第に鉄器の保有量を増やし、四隅突出型墳丘墓《よすみとっしゅつがたふんきゅうぼ》や楯築弥生《たてつきやよい》墳丘墓など、両地域に巨大な首長墓が造営されていくようになる。瀬戸内海と日本海が、流通の要として機能しはじめたのだ。ただしこのころ、鉄器の保有量でいえば、ヤマトや近畿地方は、過疎《かそ》地帯で後進地だった。ところが、二世紀末から三世紀初頭にかけて、ヤマトの纒向《まきむく》に、突然、前代未聞の宗教と政治に特化された巨大都市が誕生し、西日本各地の勢力が、まるで「この指止まれ」をするかのようにいっせいにヤマトに集結し、主導権争いはいったんやんだのである。

なぜ玄界灘《げんかいなだ》、瀬戸内海、日本海の主導権争いが、纒向の誕生とともに、一度収束したのだろうか。なぜ、いがみ合っていた「西」の諸勢力がヤマトの誕生によって、一気に結束してしまったのだろうか。それは、「東国がヤマトに乗り込んできたから」ではなかったか。つまりここにいう「東」とは、前方後方墳《ぜんぽうこうほうふん》を造営した勢力であり、近江《おうみ》・尾張《おわり》勢力がいち早くヤマトの優位性を悟り、この地に拠点づくりを始め、「西」の諸勢力が、あわててヤマトに集まったと推理できる。

ヤマトの地形は、「東」の人間にとって、格好の「防波堤」の役割を果たした。縄文《じょうもん》時代の終わりに、東北地方で盛行した土偶《どぐう》がヤマトに伝わり、盛んに造られていたのは、弥生文化をはね返す「東」の砦《とりで》が、「西」に対し鉄壁の防衛力を誇る天然の要塞《ようさい》、ヤマトだったからだろう。

三世紀の纒向誕生も、「東（前方後方墳勢力圏）からの視点」をもたなければ、理解できないのではあるまいか。

『日本書紀』によれば、九州の神武《じんむ》天皇よりも早く饒速日命《にぎはやひのみこと》がヤマトに「入り」、それよりも早く、長髄彦《ながすねひこ》がヤマトに「いた」のである。とすれば、やはり長髄彦はいち早くヤマトに入り、最後に裏切られた「東」ではあるまいか。

歴史解明のヒントを握る神功皇后

弥生時代の後期、東国には、日本海側から越《こし》や東海を経由して、多くの文物が流れ込んでいた。また、近江や東海地方が前方後方墳を造営するようになったのは、丹後《たんご》や山陰地方から先進の文物がもたらされたからである。

日本地図を見直すと、「なるほど」、と思う。瀬戸内海から東国に抜けるよりも、丹後や若狭《わかさ》、敦賀《つるが》から琵琶湖《びわこ》に出て、東海地方に抜ける道、さらには、新潟県から信濃川《しなのがわ》を遡《さかのぼ》って長野県に抜ける道は、水運をおおいに活用できる。したがって、「東」と「日本海」は、強く結ばれていたことがわかる。

とすると、「東の勃興《ぼっこう》」を促したのは日本海勢力で、ヤマト建国後の主導権争いで、一度一東」は「出雲（山陰地方や日本海沿岸地帯）」を裏切り瀬戸内海勢力に荷担し、しかも「東（長髄彦）」は、最後の最後に、ヤマトの瀬戸内海勢力（饒速日命）に裏切られた、という経過が読み取れるのである。

では、このような筆者の仮説をさらに裏付ける証拠は、『日本書紀』に記されているのだろうか。

そこで注目したいのが、知られざる「女傑・女帝たちの活躍」なのである。三世紀だけではなく、七世紀に至っても、女傑や女帝たちは、瀬戸内海と日本海の主導権争いにかかわりをもっていたようなのだ。

そこでまず注目してみたいのは、第十五代応神《おうじん》天皇とその父母、第十四代仲哀《ちゅうあい》天皇と神功《じんぐう》皇后である。

応神天皇は五世紀初頭に実在した天皇と、一般には考えられている。けれども、筆者は、応神天皇を初代神武天皇と同一人物とみなす。

その理由は、まず第一に、『古事記《こじき》』の叙述にある。『古事記』は三巻に分かれ、上巻を神話にあてて、中巻を初代神武天皇から応神天皇までにあてている。ところが、神武から応神の話は、「神話の延長線上」にあって、歴史とは思えない。そして、下巻の第十六代仁徳《にんとく》天皇から、ようやく「歴史」が始まっている。ここに、『古事記』編纂者《へんさんしゃ》の「含み」を感じずにはいられないのである。

第二に、『古事記』や『日本書紀』に記された応神天皇の生涯にも、手がかりは隠されている。仲哀天皇はヤマトタケル（日本武尊）の子だから、応神天皇はヤマトタケルの孫なのだが、応神天皇は九州に生まれ、瀬戸内海を東に向かって政敵を倒し、ヤマト入りに成功している。この行程が神武東征《とうせい》をほぼなぞっているのは、偶然ではないだろう。

第三に、もうひとつ大切なこととしては、応神天皇がヤマトタケルの孫で、すでにふれたように、ヤマトタケルはヤマト建国の悲劇をひとりで背負い込んだ人物と考えられることである。

すなわち、ヤマトタケルがヤマト建国の主導権争いにかかわりをもっていたとすれば、神武と応神の二人が同一人物で、だからこそ、「二つの東征説話」がよく似ている理由もはっきりとしてくる。

では、なぜ『日本書紀』が、ヤマト建国のヒーローを、二人の人物に分けてしまったのか、という疑問が当然出てくるだろう。じつはここに、「蘇我《そが》」がからんでくる。

仲哀天皇は神の言いつけを守らなかったから急死したと『日本書紀』はいうが、『住吉《すみよし》大社神代記《たいしゃじんだいき》』によれば、この晩、住吉大神《すみよしのおおかみ》と神功皇后は、夫婦の秘め事をしたといい、『古事記』には、仲哀天皇が亡くなった晩、その場に居合わせたのは、建《たけ》（武）内宿禰《うちのすくね》だったとある。住吉大神の別名は塩土老翁《しおつちのおじ》で、この神と武内宿禰は、多くの共通点で結ばれている。そのなかのひとつが、人並みはずれた長寿ということで、武内宿禰は蘇我氏とつながり、蘇我氏は「住吉」とかかわっている。このことから筆者は、住吉大神とは武内宿禰のことであり、応神天皇の父親は、仲哀天皇ではなく、武内宿禰と読む。

八世紀の朝廷が必死になってヤマト建国の真相をもみ消そうとした理由は、まさにここにある。『古事記』は蘇我氏の祖を武内宿禰というが、『日本書紀』は、両者の関係を無視する。また、私見が正しければ、応神天皇はヤマトタケルの血を引いていないことになる。それにもかかわらず「ヤマトタケルの孫」と『日本書紀』にあるのは、応神東征（神武東征でもある）の真相とヤマトの王家の正体を、闇に葬るためであろう。

『日本書紀』は、完全犯罪をしたつもりだろうが、いくつものボロを出している。たとえば、神功皇后にまつわる記述の中で、余計なことを書いてしまった。邪馬台国《やまたいこく》にまつわる話を、この女傑の時代にもってきてしまったのだ。

神功皇后の摂政《せっしょう》三十九年是歳《このとし》の条から四十三年の条に続けて、『魏志倭人伝《ぎしわじんでん》』の引用記事があり、少し飛んで、六十六年の条には、「起居注《ききょちゅう》（中国晋《しん》の天子の側近起居が、天子の言動を記録したもの）」からの引用記事がある。

三十九年。『魏志』に次のようにある。「明帝《めいてい》の景初《けいしょ》三年（二三九）六月に、倭の女王、大夫《たいふ》難斗米《なんとまい》らを遣わし、郡（帯方郡《たいほうぐん》）に至り、天子に詣《もう》でて朝献したいと要求してきた。太守《たいしゅ》鄧夏《とうか》は役人を遣わして同行させ、京都（魏《ぎ》の都洛陽《らくよう》）に至らしめた」。

四十年。『魏志』に次のようにある。「正始《せいし》元年（二四〇）に、建忠校尉《けんちゅうこうい》（武官）梯携《ていけい》らを派遣し、詔書《しょうしょ》と印綬《いんじゅ》を奉り、倭国に至らしめた」。

四十三年。『魏志』に次のようにある。「正始四年（二四三）に、倭王、大夫伊声者《いせいしゃ》と掖《や》耶約《ややく》ら八人を遣わし、上献した」。

六十六年。この年は、晋の武帝《ぶてい》の泰初《たいしょ》二年（二六六）であった。「起居注」には、次のようにある。「武帝の泰初二年十月に、倭の女王、通訳を重ねて（はるか彼方からやってきたことを言い表している）貢献してきた」。

ここにある前半の記事は、邪馬台国の卑弥呼《ひみこ》の時代のもの、後者の記事は、卑弥呼の宗女台与《とよ》の時代の話である。

問題は、八世紀の『日本書紀』編纂者が、『魏志倭人伝』の記事を知っていたこと、神功皇后を邪馬台国の女王（卑弥呼か台与のどちらか）に比定していたことである。

とはいっても、通説はヤマトの初代王を第十代崇神《すじん》天皇とみなしているから、第十五代応神天皇の母神功皇后が邪馬台国の女王であるわけがないと、鼻で笑う。しかも、神功皇后そのものを、架空の人物といって切り捨てている。六世紀から七世紀にかけて、雨後の筍《たけのこ》のように出現した女帝たちをモデルに、神功皇后は創作されたというのである。

しかし、神功皇后の説話は、創作にしては神話じみていて矛盾が多く、筋が通っていない。だからこそ、逆に怪しい。

神功皇后と応神天皇親子が東征で戦った相手の正体

仲哀天皇と神功皇后は、熊襲《くまそ》が背《そむ》いたために北部九州地方に向かったと、『日本書紀』はいう。仲哀天皇は瀬戸内海を西に向かったが、神功皇后は滞在先の越（北陸）の角鹿《つぬが》（福井県敦賀《つるが》市）から出雲を経由して九州を目指した。

仲哀天皇と神功皇后は、まず穴門豊浦宮《あなとのとゆらのみや》（山口県下関市）に拠点をつくり、しばらくして北部九州地方に渡った。ところが、仲哀天皇は神託を無視したため、神の怒りにふれ、急死してしまう。ここから、神功皇后は、男勝りの活躍を始める。

『日本書紀』によれば、神功皇后は北部九州征討の最後の仕上げに、山門県《やまとのあがた》（福岡県みやま市）の女首長を殺したという。山門県は「邪馬台国北部九州論」の最有力候補地であり、ここに登場する山門県の女首長こそ、邪馬台国の卑弥呼だったのではあるまいか。

さらに、神功皇后は「トヨの名を負う海神《わたつみ》の娘」と多くの接点をもっていた。そこで他の拙著の中で、ヤマトの台与による邪馬台国の卑弥呼殺しを推理した。邪馬台国の卑弥呼は、魏に使者を送り、「われわれが正真正銘のヤマト」と偽僭《ぎせん》してしまったと思われる。そこで、ヤマトは台与を送り込み、邪馬台国を乗っ取った、ということになる。そしてのちに、台与（神功皇后）は、ヤマトに裏切られ敵対したのだろうというのが、私見の骨子だ（拙著『天孫降臨の謎』ＰＨＰ研究所を参照）。

ただしここでは、邪馬台国と神功皇后の関係は省略する。問題にしたいのは、「その後の神功皇后」である。

神功皇后は山門県から反転し、朝鮮半島の新羅《しらぎ》を攻略したあと、九州に帰ってきて応神を産み落とした。そして、幼子を抱えてヤマトを目指すのだが、政敵が待ち構えていたと

『日本書紀』はいう。そして、彼らを蹴散らし、神功皇后はヤマト入りに成功したというのだが、この神功皇后と応神の東征が神武東征とよく似ていること、ヤマトタケルや東国が、奇妙な形でからんでくるため、その顚末《てんまつ》に注目してみたいのである。

神功皇后摂政元年二月、神功皇后は群卿《まえつきみ》（群臣）と百寮《ももつかさ》（百官）を率いて、穴門豊浦宮に移った。すなわち、仲哀天皇の遺体を納め（急死したあと、喪を秘匿し、この地に遺体を安置していた）、瀬戸内海を東に向かい、ヤマトを目指した。時に、麛坂王《かごさかのみこ》と忍熊王《おしくまのみこ》（仲哀天皇と大中姫《おおなかつひめ》との間の子たちで、応神にとって腹違いの兄ということになる）は、父の仲哀天皇がすでに亡くなられたこと、神功皇后が西を討ち、皇子《みこ》を新たに産んでいたことを知り、ひそかに謀って、「神功皇后は、子を産み、群臣はみな従っている。かならずともに謀って、幼い子を立てようとするだろう。われらは年上なのに、なぜ弟に従わなければならぬのだ」と言った。そこで、仲哀天皇のために陵《みささぎ》を造ると偽り、播磨《はりま》（兵庫県）に赴き、山陵を赤石《あかし》（明石）に造ることにした。船を結んで淡路島につながる橋を造り、島の石を運んだ（遺骸もまだないのに陵を造るというのは、人を駆り出し、戦いに備えるためであった）。すなわち、一人ひとりに武器を持たせ、神功皇后の一行がやってくるのを待ち伏せしていた。このとき、犬上君《いぬかみのきみ》の祖倉見別《くらみわけ》と吉師《きし》の祖五十狭茅宿禰《いさちのすくね》が麛坂王に従った。そこで将軍に任命し、東国の兵を起こさせた。

戦闘のきっかけを記したこの『日本書紀』の一節で気になるのは、倉見別と五十狭茅宿禰が、東国の軍団を率いることになったとあること、そして、ここに登場する犬上君が、ヤマトタケルと接点をもっていたことである。「犬上」は、近江の地名で（滋賀県犬上郡）、『日本書紀』「景行《けいこう》紀」には、犬上君と武部君《たけるべのきみ》がヤマトタケルの末裔とある。『新撰姓氏《しんせんしょうじ》録《ろく》』も、犬上氏はヤマトタケルの末裔だという。

繰り返すようだが、仲哀天皇はヤマトタケルの子だから、『日本書紀』の描いた図式を信じれば、応神と神功皇后の「東征」は、「ヤマトタケルの身内が起こしたお家騒動」だったことになる。しかも、応神と神功皇后は孤立したのであり、ヤマトタケルの親族は、こぞって大中姫の子を支援し、神功皇后を敵に回している。このはっきりとした意思表示は、いったい何を意味しているのだろう。

建(武)内宿禰の手口は出雲振根やヤマトタケルと同じ

この直後、麛坂王が赤い猪《いのしし》に食い殺されるというアクシデントに見舞われ、不吉な前兆を感じとった忍熊王は、陣を住吉（大阪市住吉区）まで引いた。神功皇后はその情報を知り、武内宿禰に命じ、応神とともに紀伊水門《きのみなと》に向かわせ、自らは一度務古水門《むこのみなと》（兵庫県尼崎市）にとどまり、改めて海に漕《こ》ぎだすと、難波《なにわ》を目指した。忍熊王はふたたび陣を引き、菟道《うじ》（京都府宇治市）で待ち構えた。神功皇后は紀伊国に回り、日高（和歌山県日高郡）で応神と合流し、軍議を開くと、小竹宮《しののみや》に移動し、武内宿禰と和珥臣《わにのおみ》の祖建振熊《たけふるくま》に命じ、数万の軍勢を与え、忍熊王を討たせた。武内宿禰は精鋭を率い、山背《やましろ》（京都市）から菟道に至り、宇治川の北側に陣を敷いた。このあとの記事が面白い。神功皇后摂政元年三月五日の条にはこうある。

武内宿禰は全軍に命じて、椎結《かみあ》げさせた（髪を槌型《つちがた》に結わせた）。「各自予備の弓弦《ゆみづる》を髪の中に隠し、木刀《たち》を佩《は》け」と命じた。そして神功皇后の命令を告げ、忍熊王に次のように告げた。

「私は天下を取ろうとは思いません。ただ、幼い王（応神）を抱き、君王《きみ》（忍熊王）に従うのみです（もし忍熊王が即位されたら従います、という意味）。どうしてそれを拒み、戦うことがありましょう。願わくは、ともに弓の弦を切り、武器を捨て、和睦《わぼく》しようではありませんか。そうすれば、君王は、即位され、地位に安心してすわり、枕を高くして、政事《まつりごと》に没頭できるではありませんか」

こう述べて、はっきりと兵士らに命じ、弓の弦を切らせ、刀を解き、川に投げ入れさせた。忍熊王は、謀略とは知らず武内宿禰の言葉を信じ、軍団に命じ、武器を川に捨てさせ、弓の弦を切らせた。

そのときである。武内宿禰は全軍に命じ、予備の弦を頭から出させ、弓に張り、真刀《まだち》を佩かせ川を渡った。忍熊王は欺《あざむ》かれたことを知り、倉見別と五十狭茅宿禰に、

「私は欺かれた。今や武器もない。どうして戦うことができよう」

と告げると、兵を引き、退いた。

武内宿禰は忍熊王を追い、逢坂《おうさか》（滋賀県大津市）で逢い、破った。それゆえ、この地を「逢坂」というようになった。敵兵は一目散に逃げた。けれども武内宿禰は狭狭浪《ささなみ》の栗林《くるす》（大津市膳所《ぜぜ》）で追いつき、多くを斬った。血が流れ栗林一帯にあふれた。そこでこのこと

を忌み嫌い、今に至るまで、この場所の栗を献上しない。忍熊王は、瀬田の渡り（大津市瀬田町）に入水《じゅすい》して果てたのである。

これが、応神東征の一部始終である。

それにしても、最後の決戦における武内宿禰の卑怯《ひきょう》な手口は、デジャブ（既視感）であろうか。出雲国造家《こくそうけ》の祖の出雲振根《ふるね》は弟の飯入根《いいいりね》を、偽の刀を使ったトリックで殺している。ヤマトタケルは出雲梟帥《たける》を、同様の手口で殺した。武内宿禰の行動は、これら「相手を安心させたうえで、偽の刀を使って倒す」という説話を大がかりにしたものだ。しかも、忍熊王を後押ししていたのは、ヤマトタケルの末裔で、忍熊王は天然の要害である奈良の盆地を離れ、なぜかどんどん陣を引き、前方後方墳体制の勢力圏に武内宿禰を引きずり込み、戦いを挑んでいる。これは、偶然なのだろうか。

霊剣でつながるヤマトタケルと神武天皇

応神東征は神武東征の焼き直しではないかと筆者は疑っているが、神武東征の中にも、「ヤマトタケルの影」が見え隠れする。そこで、神武東征の気になる部分を取り上げてみよう。

神武天皇が紀伊半島を大きく迂回《うかい》したことは、よく知られている。熊野の荒坂津《あらさかのつ》に至り、丹敷戸畔《にしきとべ》なる賊を討ち取ったが、神武一行は、神の毒気に当たり、身動きができなくなってしまった。興味深いのは、荒坂津である。

『日本書紀』は荒坂津を、「丹敷浦《にしきのうら》」という。本居宣長《もとおりのりなが》はこれを、三重県度会《わたらい》郡大紀町《たいきちょう》錦《にしき》に比定しているが、ここは、「元伊勢」の異名のある滝原宮《たきはらのみや》のすぐ近くなのだ。つまり、本居宣長説をとれば、神武天皇は伊勢の目と鼻の先まで、出向いていたことになる。

この大迂回が、『日本書紀』の勝手な創作としても、なぜここまで来たことにしなければならなかったのか、その理由がわからなくなってくる。伊勢まで来たのなら、そのまま西に向かってヤマトに入ればよいのに、ふたたび一行は、深い熊野の森に紛れ込むのである。これは、常識では考えられない。しかし、これには深い意味が隠されていたようなのだ。

そこで、『日本書紀』の記事を追ってみよう。場面は、神武天皇の一行が、神の毒気にやられて、身動きがとれなくなったところで、神武即位戊午《つちのえうま》の年（前紀五年）六月の条である。

天照大神の和魂《にぎみたま》を奉斎している滝原宮（三重県度会郡大紀町滝原）。伊勢神宮は最初ここに建てられたという。

熊野の高倉下《たかくらじ》は、夢をみた。天照大神《あまてらすおおみかみ》が武甕雷神《たけみかずちのかみ》に次のように言われた。

「葦原中国《あしはらのなかつくに》は、まだ騒がしい。おまえが行って討ってきなさい」

すると武甕雷神は、

「私が行かなくとも、私が国を平定するときに用いた平国之剣《くにむけのけん》を下せば、国はおのずから平らぐことができるでしょう」

と言うと、天照大神も納得した。そこで武甕雷神は高倉下（この人物の正体は、このあと記す）に、次のように語った。

「私の剣は名付けて韴霊《ふつのみたま》という。今、おまえの蔵の裏に置いた。それを持って、天孫（神武天皇）に奉れ」

高倉下は、承知して、目が覚めた。

翌朝、夢の教えどおり蔵を開いてみると、はたして剣が落ちていた。蔵の底板に、逆さに立っていた。それを献上したところ、眠りこけていた神武天皇は、たちまち目を覚まして、「私はなぜ、長く寝ていたのだろう」と申された。毒に当たった兵士たちも、みな目を覚ましたのである。

ここに登場する高倉下の素性を『日本書紀』は明かさないが、『先代旧事本紀《せんだいくじほんぎ》』は尾張氏の祖天香語山命《あまのかごやまのみこと》だという。これを信じるならば、ひとつの仮説が得られる。

ここでヤマトタケルの悲劇を思い出してほしい。東国を平定し終えたヤマトタケルは、霊剣（草薙剣《くさなぎのつるぎ》）を尾張氏（宮簀媛《みやずひめ》）のもとに預け、伊吹山《いぶきやま》に向かったために、神の毒気に当たり、体は衰弱してしまう。そして、能褒野《のぼの》（三重県亀山市）で、ヤマトを偲《しの》んで亡くなられたのだった。かたや神武天皇は、能褒野からやや南に下った丹敷浦の地で、神の毒気にやられ、身動きができなくなった。そこで尾張氏の祖高倉下（天香語山命）は、神から授かった霊剣を、神武天皇に手渡したのである。

この草薙剣と韴霊、二つの霊剣を同一とみなせば、人脈が一本の線でつながるのではなかろうか。すなわち、ヤマトタケル↓尾張氏↓神武天皇である。

常識で考えれば、ヤマトタケルは第十二代景行天皇の皇子で、神武天皇は初代王なのだから、この二つの説話には、なんら接点はなかったことになる。ところが、これまで説明してきたように、ヤマトタケルはヤマト建国時の主導権争いに巻き込まれ、非業《ひごう》の最期を遂げ、神武天皇は「ヤマトタケル＝長髄彦」の死によってヤマトの王に立つことができたことになる。すなわち、尾張氏を介した霊剣の受け渡しには、これまで指摘されることのなかった、重大な意味が隠されていたのではなかったか。

それにしてもわからないのは、なぜ饒速日命は、身内を裏切ってまでして神武（神功皇后の子の応神でもある）に王権を禅譲《ぜんじょう》してしまったのか、ということである。

このあたりの秘密は、七世紀の女傑・女帝たちの姿を追う中で、逐一《ちくいち》解き明かしてみよう。

二　推古女帝の正体を探る

蘇我氏と物部氏の権力闘争「物部守屋滅亡事件」

三世紀と七世紀をつなぐ女帝が、第三十三代推古《すいこ》天皇である。

すでにふれたように、『古事記』は推古天皇の時代に記述を終えている。考古学的にも、推古天皇の出現した時代は、大きな画期《かっき》を迎えていた。というのも、六世紀後半、ヤマト建国来継承されてきた前方後円墳の造営が、ぴたりと終わってしまったからだ。いわゆる古墳時代が終わり、飛鳥《あすか》時代に突入するのである。

『古事記』の描いた歴史は、「古墳時代そのもの」だったわけで、ここにも知られざる秘密が隠されているように思えてならない。

『日本書紀』によれば、推古天皇の父は第二十九代欽明《きんめい》天皇で、母は蘇我氏出身の堅塩媛《きたしひめ》だ。兄が用明《ようめい》天皇で、用明天皇の子が聖徳太子《しょうとくたいし》（厩戸皇子《うまやどのみこ》）となる。

推古天皇は蘇我氏全盛期に擁立《ようりつ》された蘇我系の天皇で、当時の実力者は蘇我馬子《うまこ》と聖徳太子だった。推古朝の皇太子であり摂政として実権を握った聖徳太子であったが、蘇我馬子に邪魔にされたと、一般には信じられている。都の飛鳥から遠く離れた斑鳩《いかるが》の地に移ったのは、政争に敗れたからとする考えが根強い。

もっとも筆者は、「聖徳太子は蘇我入鹿を大悪人に仕立て上げるための虚像」と考えているから、このあたりの『日本書紀』記事には、ほとんど興味がない（拙著『蘇我氏の正体』新潮社を参照）。

それよりも面白いのは、推古天皇が即位するまでの物語だ。それは、蘇我氏と物部《もののべ》氏の、権力闘争の歴史でもある。

蘇我氏と物部氏の争いといえば、蘇我馬子と物部守屋《もりや》の死闘がよく知られている。用明二年（五八七）七月、両者は雌雄を決している。『日本書紀』巻第二十一泊瀬部天皇《はつせべのすめらみこと》（崇《す》峻《しゅん》天皇）二年七月の条をみてみよう。

七月、蘇我馬子はもろもろの皇子と群臣を集めて、物部守屋を滅ぼそうと協議した。泊瀬部皇子《みこ》、竹田皇子《たけだのみこ》、厩戸皇子（聖徳太子）、難波皇子《なにわのみこ》、春日皇子《かすがのみこ》、蘇我馬子、紀男麻呂《きのおまろ》、巨勢比良夫《こせのひろぶ》、膳賀拕夫《かしわでのかたぶ》、葛城烏那羅《かつらぎのおなら》らは、軍勢を率いて物部守屋を討とうと集まった。

穴穂部皇子の擁立に失敗して蘇我入鹿に敗れた物部守屋の菩提を弔う
大聖《たいせい》勝《しょう》軍《ぐん》寺《じ》（下ノ太子とも呼ばれる。本尊聖徳太子。大阪府八尾市）。

大伴囓《おおとものくい》、阿陪人《あべのひと》、平群神手《へぐりのかむて》らは、ともに兵を率いて、志紀郡《しきのこおり》（大阪府八尾市南部と周辺）から渋河《しぶかわ》（八尾市北西部と周辺）の物部守屋の館にやってきて囲んだ。物部守屋は一族と奴軍《やっこいくさ》（私有民からなる軍勢）を束ね、稲城《いなき》（稲を積んだ城）を築いて戦った。蘇我馬子らは束になって物部守屋に襲いかかっていたことがわかる。どう考えても、物部守屋に勝ち目はなかった。それにもかかわらず、この直後、蘇我馬子の軍勢は、苦戦する。

物部守屋は衣摺《きぬすり》（東大阪市衣摺）のエノキ（樹木）の股に登って、矢を上から雨あられと射った。物部守屋の軍勢は強く、家に満ち、野にあふれた。皇子や群臣を集めた朝廷軍は弱く、三度引いた。

このとき聖徳太子は束髪於額《ひさごばな》で（『日本書紀』の分注に「古俗では、年少の子供で十五〜十六の間は束髪於額にし、十七〜十八の間は、分けて角子《あげまき》にした」との説明があり、この場面もそうだ）、戦闘を背後から見守り、状況を自分で判断した。「これは負けるのではあるまいか。願掛けをしないとなしがたい」。そう言って、白膠木《ぬりで》（霊木）を伐《き》り、四天王像を彫り、髪をたぐり上げ誓願した。「もし今、私を敵に勝たしてくださるなら、かならず護世四王《ごせしおう》のために寺塔を建てます」。すると、蘇我馬子も誓願し、「諸天王《しょてんのう》や大神王《だいじんのう》たち（仏法の守護神）が、私を助け守り、与《くみ》してくださるならば、願わくは、諸天王と大神王のために、寺塔を建て、三宝《さんぼう》（仏法）を広めましょう」と言った。誓い終わり、いろいろな武器を身につけて前進し、敵を討った。ここに迹見赤檮《とみのいちい》という者がいて、物部守屋を例の木の股から射落とし、守屋と子たちを殺した。このため、物部守屋の軍勢は浮き足立ち、敗れた。兵士たちは皁衣《くろきぬ》（黒い衣装。卑しい者の身なり）に着替えて、広瀬の勾原《まがりはら》（奈良県北葛城郡河合町）で狩りをする真似をして散り散りに逃げた（奴婢《ぬひ》になりすまして逃げた）。

この戦闘で、物部守屋の子息や眷属《けんぞく》（親族）のなかには、葦原中国に逃げ隠れて、姓を改め、名を変えて、逃亡したあと行方知れずになった者がいた。時の人は、「蘇我馬子の妻は物部守屋の妹だから、馬子は軽々に妻を利用して計略を用いて、物部守屋を殺したのだ」と語り合ったという。

乱平定後、聖徳太子は、摂津国《せっつのくに》に四天王寺《してんのうじ》を建てた。物部守屋の私有民と私有地を分けて、大寺の奴と田荘《たどころ》（寺領）にした。田一万頃《しろ》（二十町）を迹見赤檮に賜った。蘇我馬子も、願掛けをしたとおり、飛鳥の地に法興寺《ほうこうじ》（飛鳥寺）を建てた。

これが、『日本書紀』に書かれた「物部守屋滅亡事件」の経緯だが、いくつかの注目すべき点がある。

まず第一に、負け戦《いくさ》になるところだったが、仏の加護によって蘇我馬子が勝利を収めた、という話の設定は問題だ。『日本書紀』は、この戦闘が仏教導入を巡る諍《いさか》いに端を発していたことを強調する必要があったのだろうが、このあとでふれるように、じつは、物部氏と蘇我氏の対立は、単純な宗教戦争ではない。

第二に、聖徳太子の髪型が「束髪於額」だったと強調されていることは、大きな意味をもっている。これは童子の髪型であり、童子の願掛け（霊力）によって物部守屋を破ることができたという。古くは「鬼」を「モノ」と読んだように、物部氏の「物」は、「鬼」や「神」の「モノ」であった。したがってこの物語は、童子（聖徳太子）による鬼（物部氏）退治のスタイルをとっていることがわかる。また、童子も鬼と同様の力を備えた者で、鬼そのものでもあった。したがって、『日本書紀』はこの場面で、「聖徳太子も鬼だった」と記録していたことになる。

穴穂部皇子と手を組んだ物部守屋

聖徳太子については、ここでは深入りしない。問題にしたいのは、推古天皇登場の前提となった、物部氏と蘇我氏の闘争の本質についてである。

物部氏と蘇我氏が最初に激突したのは、仏教公伝の直後のことだった。

欽明十三年（五五二）十月、百済《くだら》から仏像と経論《きょうろん》（お経と注釈書）がもたらされ、欽明天皇は「私はこれまで、このような素晴らしい教えは、聞いたことがない」と喜ばれた。これがいわゆる「仏教公伝」だ。

ただし欽明天皇は、「導入すべきかどうか、独断はできない」と言い、諸臣に意見を求めた。すると蘇我稲目《いなめ》は「西蕃《せいばん》諸国が礼拝しているのだから、わが国も背くことはできない」と主張した。これに対し物部尾輿《おこし》と中臣鎌子《なかとみのかまこ》（中臣鎌足とは別人）は、「蕃神《ばんしん》（外国の神）を礼拝すれば、国神《くにつかみ》の怒りを買うでしょう」と、反発した。そこで欽明天皇は、蘇我稲目に仏像を授け、試しに祀《まつ》らせたのだった。蘇我馬子は仏像をもらい受け、小墾田《おはりだ》の家に祀り、向原《むくはら》の家を清めて寺にした。

ところがこののち、疫病《えきびょう》が流行し、多くの人が亡くなった。物部尾輿らは「これは仏像を拝んだせいだ」と訴え出て、欽明天皇に排仏《はいぶつ》の許しを得た。そこで仏像は難波の堀江《ほりえ》（天満川《てんまがわ》）に流され、捨てられたのである。

じつはこれとそっくりな事件が、敏達《びだつ》天皇の時代に繰り返されている。欽明天皇の崩御《ほうぎょ》を受けて即位したのが敏達天皇であるが、敏達十三年（五八四）九月、百済から石造仏がもたらされた。この年、蘇我馬子はこの仏像をもらい受け、仏殿を建て、三人の尼僧を得《と》度《ど》（出家）させた。

ところが翌年の敏達十四年（五八五）になると、疫病が蔓延《まんえん》したので、三月に、物部守屋と中臣勝海《かつみ》は「仏法のせいだ」と、天皇に奏上したのだった。「疫病が蔓延し、これを放置しておけば、人々は死に絶えてしまう」と訴えたのである。すると、ふたたび排仏が許され、物部守屋らは仏像を焼き払い、残りを難波の堀江に捨て、寺に火をかけ、尼僧を捕らえ、海柘榴市《つばいち》（古代最大の市場。桜井市）で鞭打《むちう》ちの刑に処した。

ところが、今度は敏達天皇と物部守屋が病に倒れ、多くの人も熱病に苦しんだ。人々はみな、「これは仏像を焼いた罪だ」と噂《うわさ》し合ったという。蘇我馬子はこののちも病が癒《い》えず、三宝（仏法）の力を借りねば治らないと訴え出て、結局、敏達天皇は蘇我馬子ひとりに、崇仏を許したのである。蘇我馬子は新たに精舎《しょうじゃ》（寺院）を建立し、尼僧を拝み、迎え入れたのである。

このように、仏教導入を巡る諍いは二度繰り返され、物部と蘇我の対立は激化するが、物部守屋の滅亡によって、ようやく決着をみた、ということになる。しかし、事はそれほど単純ではない。

敏達天皇崩御の直後から、皇位継承を巡る争いが本格化する。この権力闘争の中に、物部氏と蘇我氏の本当の戦いの意味が隠されていたように思えてならない。

『日本書紀』巻第二十渟中倉太珠敷天皇《ぬなくらのふとたましきのすめらみこと》（敏達天皇）十四年（五八五）八月の条には、物部守屋と蘇我馬子の憎み合っていた様子を伝える有名な場面が記録されている。敏達天皇が崩御され、その殯宮《もがりのみや》での出来事だ。

敏達十四年八月十五日に天皇は重篤となられ、大殿で崩御された。このとき、殯宮を広瀬（北葛城郡広陵町）に造った。蘇我馬子は刀を佩いて誄《しのびごと》を奉った。物部守屋はその姿を見て笑い、「まるで猟矢《ししや》で射抜かれた雀《すずめ》のようだ」と言った。次に、物部守屋が誄を奉ったが、緊張して手足が震えた。その様子を見た蘇我馬子は、笑って、「鈴をつけたら面白いだろう」と言った。こうして、二人は恨み合う仲になっていったという。

ところでこのとき、ちょっとした事件が起きている。三輪逆《みわのさかう》は隼人《はやと》（南部九州の人々）を殯宮の護衛にあたらせていたのだが、穴穂部皇子《あなほべのみこ》は、天下を取ろうと考えていたため、怒り狂い、「どうして死んでしまった王に仕え、生きている王（穴穂部皇子）に仕えようとしないのか」と叫んだのである。

この箇所の『日本書紀』の説明が不十分なため、穴穂部皇子の発言の真意は、よくわからない。ただし、こののち穴穂部皇子は物部守屋と手を組み、蘇我氏と対決していく。ちなみに、穴穂部皇子は、欽明天皇と小姉君《おあねのきみ》の間の子で、小姉君は蘇我系の女人である。

さらに、用明天皇即位後に事件が起きた。『日本書紀』用明元年（五八六）五月の条にはこう記されている。

五月に、穴穂部皇子は、炊屋《かしきや》姫皇后《ひめのきさき》（のちの推古天皇で、崩御した敏達天皇の皇后だった）を犯そうと思い、殯宮に闖入《ちんにゅう》しようと試みた。ところが、寵臣《ちょうしん》の三輪逆が兵衛《つわものとねり》（武装した舎人《とねり》）を集め、門を固め阻止した。穴穂部皇子は、「そこにいるのは誰か」と尋ねた。そこで兵衛は「三輪逆でございます」と答えた。七度《ななたび》「開けろ」と執拗《しつよう》に繰り返したが、門は開かれなかった。そこで穴穂部皇子は、蘇我馬子と物部守屋に語り、「三輪逆は何度も非礼を繰り返した。殯宮で誄を奉り、次のように言った。『朝廷を荒らさず、鏡のように清めて、私は、治安を守るためにお仕えしております』。ここからして無礼ではないか。今、天皇の御子《みこ》たちは大勢いて、二人の大臣（馬子と守屋）もいるではないか。

誰が、思ったとおりに、もっぱら仕えるといえるだろう。また、私は殯宮の様子をみようと思ったが、拒まれてしまった。『門を開け』と叫んだが、七度無視された。あいつを斬り殺してやりたい」。

蘇我馬子も物部守屋も、「おっしゃるとおりです」と申し上げた。ここに穴穂部皇子は、ひそかに王になろうと謀り、何かしらの口実をつくり、三輪逆を抹殺しようと思った。ついに、物部守屋とともに兵を率い磐余《いわれ》の池辺（用明天皇の宮の所在地）を囲むと、三輪逆は三諸山《みもろやま》（三輪山）に隠れてしまった。この日の夜半、ひそかに山から下り、後宮《こうきゅう》（別邸）に隠れた（『日本書紀』の分注には、後宮は海柘榴《つば》市宮《いちのみや》で、炊屋姫皇后の別業《なりところ》だとある）。

ところが、密告があり、三輪逆の居所は、穴穂部皇子の知るところとなった。

穴穂部皇子は物部守屋を遣わした（『日本書紀』の分注には、このとき穴穂部皇子は、泊瀬部皇子と謀って、物部守屋を遣わしたとある）。泊瀬部皇子（のちに蘇我馬子に殺される崇峻天皇である）は、次のように命じた。「おまえが行って、三輪逆と二人の子を討ち取れ」。

すると物部守屋は兵を率いてその場を去った。蘇我馬子はほかの場所で穴穂部皇子の計画を知り、皇子のもとに馳《は》せ参じたところ、門の前（皇子の家）で皇子に出会った。皇子は物部守屋のもとに行こうとしていたが、蘇我馬子は諫《いさ》めた。「君たる人は、罪人を近づけないものです。あなた様が直接出向かれてはなりません」。

ところが穴穂部皇子は、諫言《かんげん》を無視して出かけてしまった。蘇我馬子はあとを追い、磐余に向かい、もう一度諫めた。すると穴穂部皇子は、言うことをきいて、思いとどまった。胡床《あぐら》に腰を下ろし、物部守屋を待った。するとしばらくして、物部守屋は兵を従え戻ってきて、「三輪逆を殺してまいりました」と報告した（『日本書紀』の分注には、「穴穂部皇子が自ら出向き、射殺したという」とある）。

ここに蘇我馬子は、嘆き悲しみ、「天下の乱れはそう遠くないだろう」と述べると、物部守屋は、「おまえのような小者の知ったことではない」と罵った（『日本書紀』の分注には次のようにある。「三輪逆は敏達天皇が寵愛し、内外のあれこれを委ねきっていた。この事件により、炊屋姫皇后と蘇我馬子は、ともに穴穂部皇子を恨むようになった」）。

ここには、仏教導入を巡る対立は影を潜め、穴穂部皇子の皇位に対する執着と、権力闘争の様子が記されている。事態は完璧に、皇位継承問題に発展していたのだ。ちなみに、穴穂部皇子と敵対して殺された三輪逆は、あのヤマトに一番乗りした出雲の大物主神《おおものぬしのかみ》の末裔《まつえい》である。

仏教導入問題ではなく、物部氏と蘇我氏の主導権争いだった？

穴穂部皇子が三輪逆を殺したのが、用明元年（五八六）五月。翌年四月、蘇我系の用明天皇が崩御されたことも、混乱に拍車をかけたのだろう。この直後、穴穂部皇子も殺される。経緯を追ってみよう。『日本書紀』用明二年（五八七）五月、六月の条にはこうある。

五月、物部守屋の軍勢は、三度気勢をあげて、人々を驚かせた。物部守屋はもとから、他の皇子を排除し、穴穂部皇子を立てて天皇にしようと考えていた。今になり、狩りにかこつけて皇位継承候補を消し去ろうと考え、ひそかに穴穂部皇子のもとに使いを送り、「願わくは、皇子とともに淡路で狩りをしたく存じます」と伝えた。ところが、計略は露顕してしまった。

六月七日、蘇我馬子らは炊屋姫尊を奉じ、佐伯丹経手《さえきのにふて》、土師磐村《はじのいわむら》、的真噛《いくはのまくい》に詔し、「おまえたちは兵を準備し、すみやかに出立し、穴穂部皇子と宅部皇子《やかべのみこ》（宣化《せんか》天皇の皇子。他の箇所にみえず）を誅殺《ちゅうさつ》せよ」と命じた。この日の夜半に、佐伯丹経手らは穴穂部皇子の宮を囲んだ。兵士は楼の上に登り、穴穂部皇子の肩を斬った。皇子は楼から落ち、脇の家に逃げ込んだが、兵士らは火を灯《とも》し、皇子を誅殺した。翌日、宅部皇子も殺された。この皇子は、穴穂部皇子と親しかったので殺された……。

物部守屋が攻め滅ぼされたのが、この年の七月だったことは、無視できない。物部守屋と蘇我馬子の対立は、仏教導入を巡る諍いではなく、皇位継承問題だったことが、はっきりとする。また、物部守屋が滅んだあと、この年の八月二日、炊屋姫と群臣は、泊瀬部天皇（崇峻天皇）を押し立てたという。崇峻天皇といえば、弑逆《しいぎゃく》された天皇として名高い。もちろん、殺《あや》めたのは蘇我馬子だ。この天皇は穴穂部皇子と同父母兄弟で、しかも蘇我馬子と反《そ》りが合わなかった。

しかし、なぜ穴穂部皇子が葬られた直後、この皇子を擁立する必要があったのか、理解できない。

結局、崇峻天皇が殺され、炊屋姫が擁立されて、推古天皇が誕生した。蘇我馬子とすでに共闘していたのだから、もっと早く、推古天皇は即位していてもおかしくなかったのではないか。

ひょっとすると、「崇峻天皇弑逆事件」は、蘇我氏を悪役に仕立てるために、「物部守屋

蘇我氏と蘇我系皇族の系譜

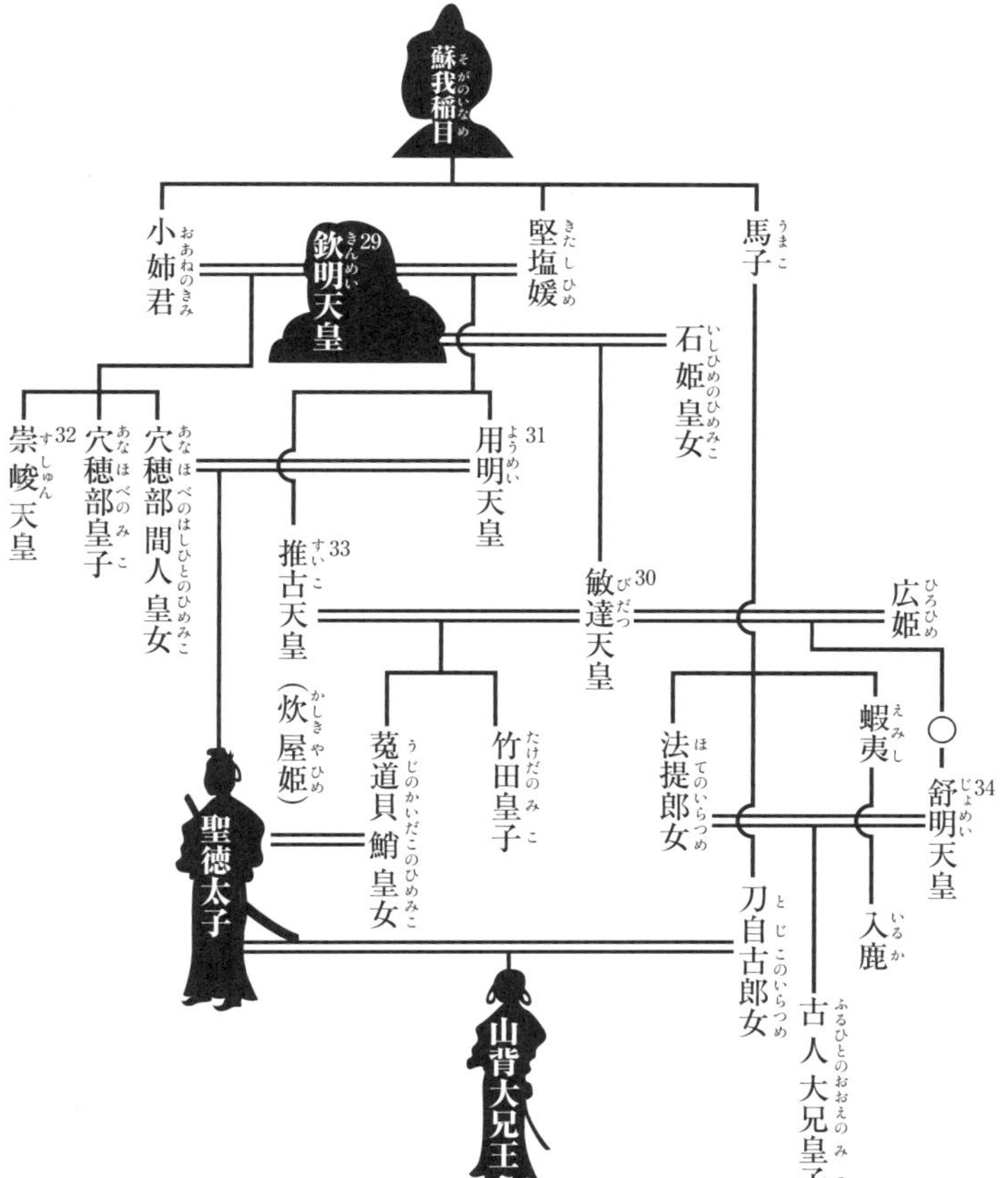

7世紀の蘇我氏は天皇をないがしろにしたというよりも、実質的な王としての権力を備えていた。王家にもっとも近い蘇我氏が律令整備の旗振り役を務めた。

滅亡事件」を再現して、「蘇我による天皇殺し」というストーリーに書き換えただけの話ではなかったのか。

筆者は、「穴穂部」が物部氏とかかわりの深い名であること、「小姉君」から生まれた皇子の多くが蘇我氏と対立していることから、小姉君は本来、物部系だったのではないか、と疑っておいた（拙著『「女帝」誕生の謎』講談社を参照）。そして、六世紀の仏教公伝以来、推古天皇の即位に至るまでの混乱は、「物部系皇族」と「蘇我系皇族」の皇族たちの主導権争いだったのではないかと指摘したのである。

それだけではない。六世紀から七世紀にかけてのこうした主導権争いは、三世紀後半のヤマト建国後の争乱の焼き直しだったのではあるまいか。

そう考える理由は、二つある。ひとつは六世紀初頭の継体《けいたい》天皇の即位であり、もうひとつは、推古天皇の「名」である。以下、順に説明する。

六世紀に復活した日本海勢力

蘇我氏が急速に成長するのは、六世紀に入ってからのことだ。それは、継体天皇が越（北陸）からやってきたことと、おおいにかかわりがあったと考えられる。

継体天皇は応神天皇の五世の孫と『日本書紀』はいうが、王家との血のつながりという点では、王位継承者としてふさわしくない。そこで通説は、「これは王朝交替《こうたい》だった」と推理するが、それよりも重要なことは、なぜ継体天皇が、東国の日本海側から現れたのか、ということである。

すでにふれたように、ヤマト建国ののち冷や飯を食わされたのは、出雲と尾張であった。吉備がヤマトの主導権を握り、瀬戸内海が流通を支配し、日本海ルートは、ヤマトの物部氏によって、潰《つぶ》されたのだった。この結果、日本海↓越↓東海↓関東という弥生時代の流通ルートは、瀬戸内海↓畿内↓関東に変化していたのだ。日本海と越、東海は、負け組である。

ところが継体天皇は、近江に生まれ、越に育ち、尾張氏と婚姻関係を結んでいたから、「前方後方墳体制のご落胤《らくいん》」「三世紀に没落した者どもの亡霊」とみなすことができる。さらに、五世紀後半から六世紀にかけて、中央集権国家の構築を目指しつつあったヤマト朝廷では、改革派と守旧派の間で激しいバトルが繰り広げられ、混乱していたのだが、この隙《すき》に乗じて日本海勢力が復活していたようなのだ。というのも、この時代、日本列島でもっとも豊かで先進の文物を取り込んでいたのは、越だったからである。

そう考えると、継体天皇の出現は、敗者復活戦での登場の様相をみせているのであって、ここで蘇我氏が勃興した意味も、けっして小さいとはいえないだろう。

そしてもうひとつ、七世紀の政権が「トヨ」と接点をもっていたから問題なのである。

この時代の蘇我系の皇族は、なぜか「トヨ」の名を冠する。用明天皇は「橘豊日天《たちばなのとよひのすめら》皇《みこと》」、推古天皇は「豊御食《とよみけ》炊屋姫」、聖徳太子は「豊聡耳皇子《とよとみみのみこ》」と、みな「トヨ」なのだ。

さらに、推古天皇の宮の名は「豊浦宮《とゆらのみや》」で、これは神功皇后の宮とまったく同じ名だ。神功皇后は「トヨの女王」で、しかも越から出雲を経由して北部九州に至っているのだから、神功皇后と推古天皇、そして蘇我氏はみな、越や日本海を通じて、継体天皇とつながってくる。

それはなぜかといえば、彼らが「日本海から復活してきた」からではなかろうか。継体天皇の即位後、蘇我氏が「瀬戸内海の覇者＝物部氏」と主導権争いを演じたのは、蘇我氏たちが「日本海の流通ルート」を復活させた人々だからだろう。

三　古代史上最大の怪物持統女帝

なぜ持統天皇だけ伊勢行幸をしたのか

古代史の鍵を握るのは、女帝たちである。

『古事記』は推古天皇で記述を終えていたが、『日本書紀』は持統《じとう》女帝で筆を擱《お》いた。二つの歴史書がともに女帝で締めたのは偶然ではあるまい。

推古天皇は邪馬台国の卑弥呼、台与以来の女王であり、しかも、前方後円墳体制は、卑弥呼や台与ら、女王の時代に始まり、推古天皇誕生の直前に幕を閉じている。これも偶然とは思えず、古代人は「何か新たな体制をつくるときには、女王が必要」と考えていたのではないかと思える節《ふし》がある。女性は地母神《ちぼしん》であり、女王は国母《こくも》である。すべてを産み出す神秘的な存在である。だから、新たな王家が誕生するときも、女王が求められたのではあるまいか。

つまり、『古事記』も『日本書紀』も、どちらも「新しい時代がやってきた」ことを、女帝の登場とともに告げていたということだ。

推古天皇の場合、ヤマト建国来続いてきた「瀬戸内海勢力の覇権」が、ようやく崩れ去ったのだ。前方後円墳は吉備で原型が生まれ、ヤマト朝廷のシンボルとなった。建国後のヤマトを主導したのは物部氏で、彼らは吉備からやってきた人々であった。ところが、六世紀初頭に越から「日本海と東国の後押しを受けた継体天皇」がヤマトに乗り込み、蘇我氏が台頭し、「吉備＝物部氏」は次第に凋落《ちょうらく》していったのである。

そして第三十三代推古天皇が擁立されたころ、前方後円墳は造営されなくなった。明らかに、古い社会制度は、ここに廃止され、新たな時代がやってきたのである。

ならば、七世紀後半の持統天皇の出現は、何を意味していたのだろうか。

持統天皇は天武《てんむ》天皇の皇后だった。天武天皇は「壬申《じんしん》の乱」を制して甥《おい》を殺し、天下を取った。このため通説は、甥殺しの正当性を主張するために、『日本書紀』編纂をもくろんだといい、天武の遺業を持統天皇が継承したとされている。

まず、七世紀の歴史を「蘇我派」と「反蘇我派」で区分し直す作業が必要となってくる。すると、「壬申の乱」は、蘇我入鹿殺しの犯人天智《てんじ》天皇に対する、蘇我の仇討《あだうち》でもあったことがはっきりとしてくる。

蘇我派対反蘇我派

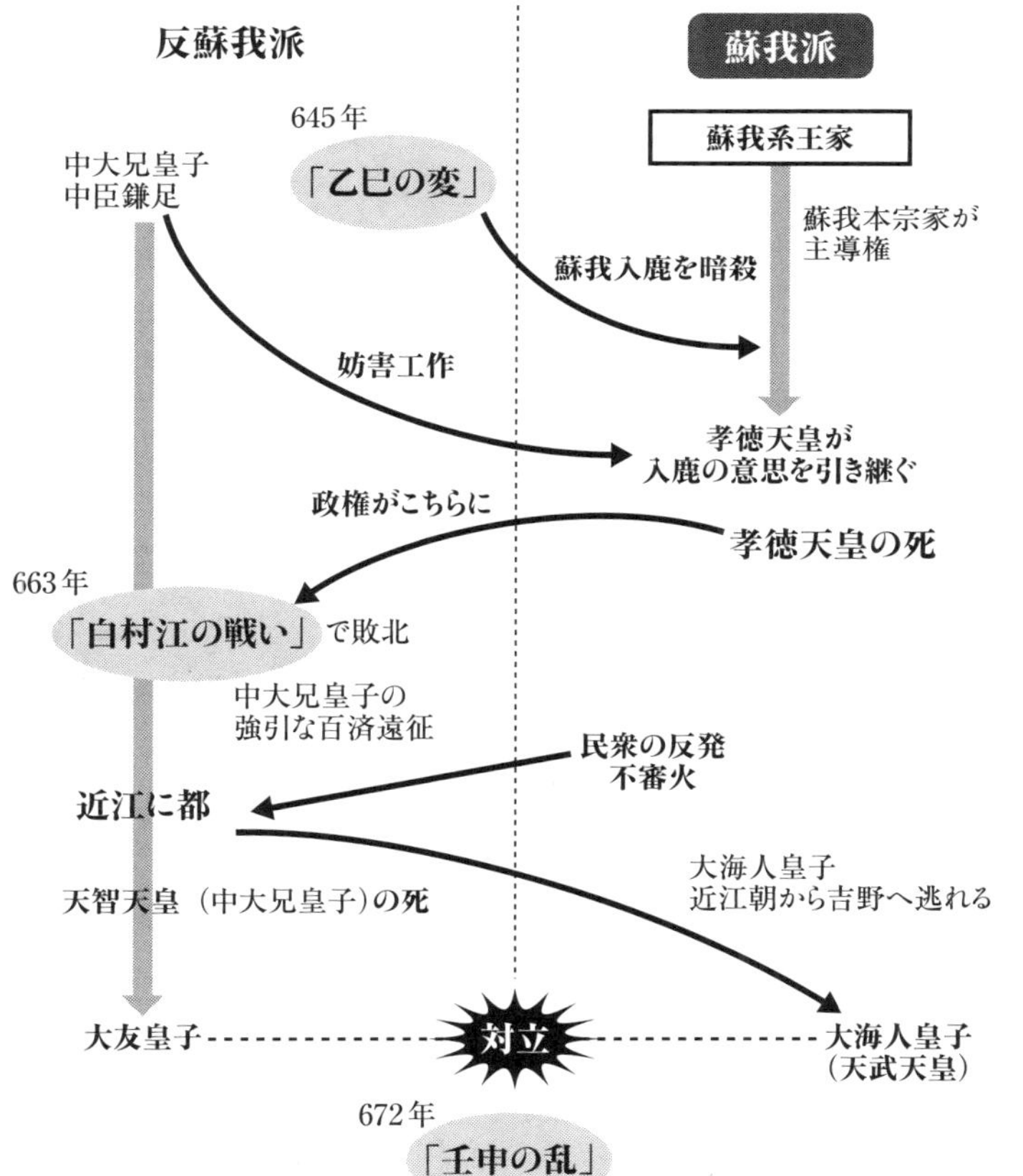

７世紀の歴史は「蘇我派」と「反蘇我派」の区分で明確になる。「壬申の乱」は蘇我入鹿殺しの犯人天智天皇に対する蘇我の仇討でもあった。

しかし筆者は、これとはまったく別の考えをもっている。そして持統天皇は、天武の王家を乗っ取ったのではないか、という疑念が、どうしても頭をよぎるのだ。天武天皇は兄の天智天皇と犬猿の仲で、結局、天智の子を殺して玉座《ぎょくざ》を手に入れたのだが、持統天皇は天智天皇の娘だから、天武天皇亡きあと、持統天皇は自ら即位することによって、天武の王家を天智の王家に塗り替えてしまったのではないか、と疑っている。

つまり、「天武天皇から始まる王家」ではなく、「持統天皇から始まる王家」にすることで、観念上、天智の王家は復活したことになる。その証拠に、持統天皇は藤原不比等《ふじわらのふひと》（中臣鎌足《なかとみのかまたり》の子）を大抜擢《だいばってき》しているが、このコンビは、天智と中臣鎌足の組み合わせとそっくりそのままなのである。

では、このような筆者の推理を証明することはできるのだろうか。

そこで『日本書紀』の持統天皇の条をひもといてみると、これが退屈でしかたがないのだ。事件といえば、冒頭の大津皇子《おおつのみこ》の謀反《むほん》事件、持統六年（六九二）二月から三月にかけての、伊勢《いせ》行幸《ぎょうこう》を巡る事件（事件と呼べるほどのものでもないが）ぐらいのものだ。また、よく目につくのは、広瀬大忌神《ひろせのおおいみのかみ》と龍田風神《たつたのかぜのかみ》を祀ったという話である。

その間、持統天皇が吉野やその他の場所に行幸を繰り返したことが述べられる。在世中、持統天皇は三十回以上も、吉野に通いつめている。いったい持統天皇は、何がしたかったのだろうか。政治には無関心で、パワースポット巡りをしていたとでもいうのだろうか。持統天皇の時代の異常な記述に驚かされる。

そこで、『日本書紀』巻第三十高天原広野姫天皇《たかまのはらひろのひめのすめらみこと》（持統天皇）の六年二月の記事を追ってみよう。

二月十一日、持統天皇は諸官に詔して、「三月三日に、伊勢に赴こうと思う。この意をくんで、種々の衣類を整えよ」と申された。

そして、陰陽博士《おんようはかせ》沙門法蔵《ほうしほうぞう》と道基《どうき》に、銀二十両を賜った。

十九日、刑部省《うたえのつかさ》に詔して、軽い罪の者を放免した。この日に、中納言《ちゅうなごん》三輪高市麻呂《みわのたけちまろ》が上表して、持統天皇の伊勢行幸は、農繁期なので妨げになると、諫言した。

三月三日、広瀬王《ひろせのおおきみ》らを留守官《るすのつかさ》に命じた。ここに三輪高市麻呂が、位冠を脱ぎ天皇に捧げ、重ねて諫めて、「農繁期に行幸なさってはなりません」と、申し上げた。

六日、持統天皇はこの諫言をお聞きにならず、ついに伊勢に向かわれた。

これだけのことである。本来なら、特筆すべき問題ではない。しかし、長い歴史の中で、伊勢神宮《いせじんぐう》を直接訪ね、参拝した天皇は、明治天皇以前は、持統天皇だけだったと知れば、問題の根深さに気づかされるだろう。「農繁期だから」という諫言の裏には、もっと別の意味が隠されていたと、思い至るのである。

いったい、持統天皇は、なぜ伊勢行きを強行したのだろうか。そしてなぜ、持統天皇以外の歴代天皇は、伊勢を敬遠したのだろうか。この「なぜ？」を探ってみよう。

天照大神を東国に追いやった天皇家

すでに、崇神天皇の時代、宮中で祀られていた天照大神が、「あまりにも神威が強すぎるため」に、天皇から引き離されたという話をしておいた（第二章を参照）。崇神天皇亡きあと、天照大神は、いよいよ伊勢に向かって移動を開始する。その様子を『日本書紀』巻第六「垂仁紀《すいにんき》」から追ってみよう。天照大神の正体はいかなるものなのか。なぜ持統は、天照大神にこだわったのか……。

垂仁二十五年三月十日、天照大神を豊耜入姫命《とよすきいりひめのみこと》（豊鍬入姫命）から離し、倭姫命《やまとひめのみこと》（垂仁天皇と皇后日葉酢媛命《ひばすひめのみこと》との間の娘。日葉酢媛は丹波道主王《たにわのちぬしのおおきみ》の娘。丹波道主王は、第九代開化《かいか》天皇の孫彦坐王《ひこいますのみこ》の子）に託した。倭姫命は、大神（天照大神）を鎮め祀る場所を求めて、菟田《うだ》の筱幡《ささはた》（奈良県宇陀《うだ》市榛原《はいばら》区）に至り、さらに近江国（滋賀県）に入り、東の美濃（岐阜県）を巡り、伊勢国（三重県中央部）に至られた。すると天照大神は倭姫命に次のように教えられた。

「この神風の伊勢国は、常世《とこよ》の波が繰り返し打ち寄せる国である。ヤマトから見て遠く隔《へだ》たった美しい場所だ。この国にいようと思う」

天照大神がこう申されたので、大神の教えのままに、その祠《ほこら》を伊勢国に建て、斎宮《いつきのみや》を五十鈴川《いすずがわ》の上流に建てられた。これを磯宮《いそのみや》という。すなわち、天照大神がはじめて天から下った場所である。

ここでこの話は一度完結しているが、『日本書紀』には「一書に云《い》わく」と異伝があって、次のような説話が続く。

垂仁天皇は倭姫命を御杖《みつえ》として天照大神に奉った。倭姫命は天照大神を磯城《しき》（奈良県磯城郡）の厳橿《いつかし》（神木《しんぼく》）のもとに鎮め、お祀りした。その後（垂仁二十六年）、神の教えのままに、伊勢国の渡遇宮《わたらいのみや》（度会宮。ただし、この説話の中では、外宮《げくう》ではなく内宮《ないくう》）に遷《うつ》し祀った。このとき、倭大神《やまとのおおかみ》（日本大国魂神《やまとのおおくにたまのかみ》）が穂積臣《ほづみのおみ》（物部氏の枝族）の遠祖の大水《おおみな》口宿禰《くちのすくね》に神懸《かみが》かりし、次のように述べた。

「はじめの時に（天地開闢《てんちかいびゃく》の直前）、約束して『天照大神は天原《あまのはら》を治めなさい。皇御孫尊《すめみまのみこと》（代々の天皇）は、もっぱら葦原中国の八十魂神《やそみたまのかみ》（天神地祇《てんじんちぎ》）を治めよ。私は自ら、大《おお》地官《つちのつかさ》（地主神）を治めよう』と仰せられ、はっきりと約束したのだ。それにもかかわらず、先代の王崇神天皇は、天神地祇を祀ったといえども、正確には、その根本を探らずに、枝葉ばかりに気をとられてしまった。それゆえ、天皇は短命だったのだ。これをもって、あなた（垂仁天皇）は、先の王の及ばなかった点を反省し、慎み祀れば、あなたたちの寿命は伸び、天下は太平になるだろう」

垂仁天皇はこの言葉を聞いて中臣連の祖深湯主《くかぬし》に命じ、誰に倭大神を祀らせればよいかを占わせた。すると、渟名城稚姫命《ぬなきわかひめのみこと》（渟名城入姫命）と出た。そこで、渟名城稚姫命に命じて、神田を穴磯邑《あなしのむら》（奈良県桜井市穴師）に定め、大市《おおいち》（桜井市北部）の長岡岬で祀らせた。しかし、渟名城稚姫命はやせ細り、衰弱し、祀ることができなかった。そこで大倭《おおやまとの》直《あたい》の祖長尾市宿禰《ながおちのすくね》に祀らせたという。

これが、天照大神と伊勢神宮を巡る『日本書紀』の説明である。天照大神は、倭大国魂神とともに、恐ろしい神と信じられていたのだ。倭大国魂神を、筆者は「ヤマトタケル（長髄彦）ではないか」と疑っているのだが、ここでは深入りしない。

それよりも、天照大神が問題である。天皇家の祖神であるはずなのに、なぜ歴代天皇は、天照大神を恐れたのだろうか。なぜ身近で祀ることができず、東国に遠ざけてしまったのだろうか。そして、持統天皇がなりすました天照大神と、本物の天照大神は、まったくの別物だったのではあるまいか。

すり替えられた伊勢の神

ここで持統天皇の和風諡号《しごう》（死後に生前の功績を称《たた》えて贈られる名号）に注目すると、興味深い事実が浮かび上がってくる。

持統太上天皇は、大宝二年（七〇二）十二月二十二日に亡くなったが、翌大宝三年

(七〇三)十二月十七日、次のような和風諡号が贈られている。それが、大倭根子天之広《おおやまとねこあまのひろ》野日女尊《のひめのみこと》である。

大倭根子天之広野日女尊の「大倭」は「ヤマトの国」であり、「根子」は大地に大きく根を張った状態を言い表している。まさに、地に足の着いた名である。ところが、これから十七年後に完成する『日本書紀』の中で、持統天皇は「高天原広野姫天皇」となり、「ヤマトに根を張った」ではなく、高天原を支配するイメージにすり替わっている。しかも、『日本書紀』神話の中に、持統のモデルと目される女神が登場している。それが、「太陽神＝天照大神」である。

天照大神は神話の中心に立つ。天照大神は、神のなかの神であり、天皇家の祖神として、天空に照り輝いている。本来なら男神であった太陽神は、『日本書紀』の中で女神にすり替えられ、持統天皇がまさに、天照大神になぞらえられたのである。

通説は、『日本書紀』は天武天皇のために書かれたといまだに信じているが、それならばなぜ、『万葉集《まんようしゅう》』の中で「神にしませば」と称えられた天武天皇が、天照大神にならなかったのだろうか。『日本書紀』の中で、はじめ天照大神は「大日孁貴《おおひるめのむち》」の名で登場している。これは、太陽神ではなく、太陽神を祀る巫女《みこ》のことで、祀る者が祀られる者に入れ

天照大神と持統天皇は相似である

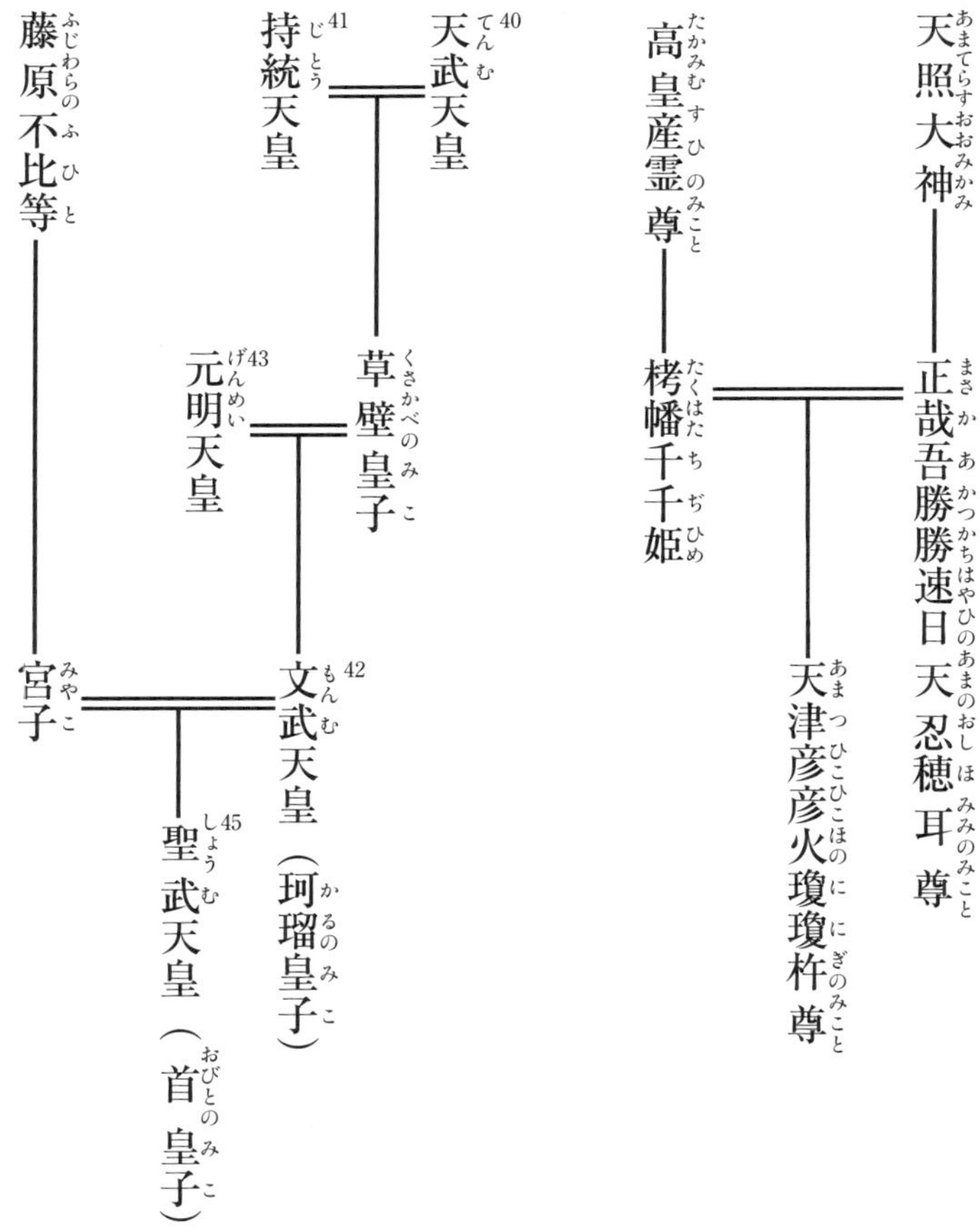

祖神天照大神に置き換えられた持統天皇。神話と天皇家の系譜は重なるのだが、この重なりはけっして偶然とは思えない。

替わってしまった。これを通説は「昇華」というが、伊勢神宮には天皇の親族の女人が派遣され（斎王《いつきのみこ》）、伊勢の天照大神を祀ってきた。

斎王たちは、どうやら伊勢の神のお相手を務めてきたようだ。斎王が未婚の女性に限られ、解任後も原則として結婚できなかったのは、斎王が伊勢の神の妻になったからである。伝説があって、斎王のもとには蛇《へび》（伊勢の神）が通い、寝床にはウロコが落ちていたという。どう考えても、伊勢の天照大神は男神であり、天皇家もこの事実を十分承知していたはずなのである。

そうなってくると、先述した持統天皇の伊勢行幸の強行という事件も、伊勢の神をすり替え、あるいは、本物の伊勢の神をどこかに隠すための神事が執り行われていた可能性が出てくる。これを必死に止めようとしたのが、三輪の大物主神の末裔であったことも、無視できない。「三輪と伊勢は同体」というのが、三輪流神道《みわりゅうしんとう》に残された教えであり、伊勢の神に小細工を施そうとした持統に、大物主神の末裔が、諫言した、ということになる。

宮中で、一緒に暮らすことができないほどの強い神威をもつ天照大神は謎であった。神話の中での天照大神は、穏やかで、人々に幸をもたらす「よい神」だったからだ。しかし、崇神天皇を震え上がらせた出雲の大物主神と同体だったとすれば、謎が解ける。

ところで、話は戻るが、応神天皇が東征する場面で、じつは、一か所訳を省略していた部分がある。それは、麛坂王が猪《いのしし》に食い殺され、忍熊王が陣を住吉に引いたときのことだ。応神と建（武）内宿禰は紀伊半島を南下し、神功皇后が難波（大阪）を目指した。そこに天照大神にまつわる興味深い記述が載っている。では、『日本書紀』神功皇后摂政元年二月の記事をみてみよう。

神功皇后摂政元年二月、神功皇后の船は難波を目指したが、海の中を船がぐるぐる回って、先に進むことができなかった。そこで務古水門（兵庫県尼崎市の武庫川河口）にいったん引き返し、占いをしてみた。すると天照大神が次のように教えた。「私の荒御魂《あらみたま》を神功皇后に近づけてはならない。まさに広田国《ひろたのくに》に鎮座するのがよい」と告げた。そこで、山背《やましろ》根子《ねこ》なる者の娘葉山媛《はやまひめ》に祀らせた。また、稚日女尊《わかひるめのみこと》が、次のように教えた。「私は活田長《いくたのなが》峡国《おのくに》（神戸市中央区）に鎮座したい」と言った。そこで、海上《うみなかの》五十《い》狭《さ》茅《ち》なる者に祀らせた。また、事代主尊《ことしろぬしのみこと》が次のように教えた。「私を長田国《ながたのくに》（神戸市長田区）に祀れ」。そこで、葉山媛の妹の長媛《ながひめ》に祀らせた。また、表筒男《うわつつのお》・中筒男《なかつつのお》・底筒男《そこつつのお》（住吉三神）が、次のように教えた。「私の和魂《にぎみたま》を大津の渟中倉《ぬなくら》の長峡《ながお》（大阪市住吉区）に鎮座させよ。そうすれば、行き交う船を守ろう」。ここに、神々の教えのままに祀り、鎮座していただいた。するとと、海を渡ることができるようになった。忍熊王は、こうして菟道に退いたのである。

ここに、天照大神の荒御魂が登場している。そして、神功皇后に近づけてはならないという。荒御魂は何をしでかすかわからない、恐ろしい神である。おそらくこれが、本来の天照大神の正体であろう。

そして問題は、この神が女神だったのかどうか疑わしい、ということなのだ。というのも、直後に、稚日女尊が登場していて、天照大神の荒御魂と稚日女尊が男女のコンビではないかと思えてくるからである。

稚日女尊の「稚」は「童子」「童女」と同じで、「若くて生命力がある」ことを言い表している。それはつまり、「鬼のように恐ろしい神」のことで、属性は「天照大神の荒御魂」とまったく同じなのだ。一般にこの稚日女尊は、天照大神の子か妹ではないかと考えられているが、それは、「天照大神は女神」という常識があるからだ。しかし、「天照大神の荒御魂」を「稚日子尊」と捉え直すことが可能ならば、「天照大神の荒御魂」と「稚日女尊」はペアになる。

神話の中で、天照大神が誕生する以前に、「蛭児《ひるこ》」が生まれ、できそこないとして捨てられる話が載るが、「蛭児」は「日子」のこととすれば、太陽神の子であり、また太陽神的性格をもっていて、「稚日子」「稚日女」に通じる。そして、伊勢では、天皇家の親族の女性（斎王）を「稚日女」に見立て、「稚日子（天照大神の荒御魂）」を祀っていたのではあるまいか。

二本に分かれる神話の流れ

ここでもうひとつ、天照大神にまつわる興味深い仮説を紹介しておこう。

上山春平は『続・神々の体系』（中公新書）の中で、『古事記』に描かれた神統譜が、アメノミナカヌシ（天之御中主神）からタカマノハラ（高天原）系とネノクニ（根国・出雲）系という二つの流れに分かれ、イハレヒコ（神武天皇）でふたたび統合される、という。

たしかにそのとおりで、たとえば、イザナギ（伊弉諾尊）とイザナミ（伊弉冉尊）は夫婦で、国土ともろもろの神々を産み落とすが、イザナミは火神《ひのかみ》（軻遇突智《かぐつち》）を産み落として焼け死に、黄泉国《よみのくに》へ去っていく。

これはマイナスのイメージで、イザナギのタカマノハラの系統とは、対極の立場にある。

そしてイザナミのつくりだした「負の流れ」は、出雲神に継承され、天照大神と弟の素戔《すさ》嗚尊《のおのみこと》の対立と、素戔嗚尊の追放という事態を迎える。

そして最後の最後に、神武天皇がヤマトの地で出雲神の娘を娶《めと》ることによって、統合されていくのである。

そこで、『日本書紀』の神代上巻第四段一書第六の、イザナギがイザナミを黄泉国に追いかけていく場面をみてみよう。

伊弉諾尊は伊弉冉尊を追って、黄泉に入ると、伊弉冉尊は次のように言った。

「私の夫の尊よ。なぜ遅く来られたのですか。私はすでに黄泉の料理を食べてしまいました。私はこれから寝ようと思いますが、姿を見ないでください」

しかし伊弉諾尊は言うことをきかなかった。ひそかに斎《ゆ》つ爪櫛《つまぐし》（神聖な櫛）を取り、両端の太い歯を引きかいて松明《たいまつ》にして見てみると、伊弉冉尊の体には、膿《うみ》がわき、ウジ虫がたかっていた。今、世人が夜にひとつ火を灯すことを忌み、また夜に投げ櫛をすることを嫌うのは、これが起源である。

時に伊弉諾尊はおおいに驚き、次のように述べた。

イザナミ（伊弉冉尊）の亡骸《なきがら》は比婆山《ひばやま》へ葬られた。黄泉国伝承地のひとつ、比婆山黄泉津比良坂周辺（伊賦夜坂《いふやさか》。島根県八束郡東出雲町）。ここが現世から黄泉国への入り口と伝えられ、大きな岩も鎮座する。

「私は思いもよらず、なんと汚くいやな世界に迷い込んでしまったのだ」

そしてそのまま走って逃げたのである。

伊弉冉尊は恨み、

「なぜ私との約束を守らず、恥をかかせたのですか」

こういって泉津醜女《よもつしこめ》八人（黄泉国の醜い女。鬼女）を遣わし、追ってきてとどめようとした。だから伊弉諾尊は、剣を抜き、後ろ手に振り回しながら逃げた。逃げながら醜女らに、黒鬘《くろみかずら》（蔓草《つるくさ》の髪飾り）を投げつけた。これが葡萄《ぶどう》の実になった。醜女らはそれを見て、取って食べた。食べ終えるとまた追ってくる。伊弉諾尊は、また斎つ爪櫛を投げると、今度は筍《たけのこ》になった。醜女たちはそれを抜いて食べる。食べ終わると、また追ってくる。それどころか、伊弉冉尊も追ってきた。伊弉諾尊は、ようやく黄泉津比良坂（泉津平坂《よもつひらさか》）にたどり着いた。

伊弉冉尊は次のように述べる。

「いとしい私の夫よ。そのようにおっしゃるのであれば、私はあなたの統治する国の民を、一日千人殺しましょう」

そこで伊弉諾尊は、次のように答えた。

「いとしきわが妻よ。そうであれば、私は一日に千五百人を産みましょう」

そして、「ここから出てくるな」と命じ、杖を投げた。これを岐神《ふなとのかみ》（通せんぼうの神）という。また、帯を投げた。これを長道《ながち》磐神《わのかみ》（帯のように長い道に立つ岩）という。また、衣を投げた。これを煩神《わずらいのかみ》（疫神《えきがみ》）という。また、その褌《はかま》を投げた。これを開齧神《あきぐいのかみ》（飽き飽きするほど食べる神）という。また、履《くつ》を投げた。これを道敷神《みちしきのかみ》（伊弉諾尊の歩く力が道を支配したということ）という。その黄泉津比良坂（泉津平坂）にふさがっている岩を、泉門塞之《よみどにふさぐ》大神《おおかみ》（黄泉の入り口をふさぐ神）といい、または、道返《みちかえしの》大神《おおかみ》（恐ろしい鬼を境界から追い返した神）という。

このように、伊弉諾尊と伊弉冉尊は、まったく異なる世界の住人になったのだった。同様に、天皇家の祖神の天照大神は「よい子」で、できがよかったため伊弉諾尊に気に入られ、天上界（高天原）の支配者に命じられた。かたや素戔嗚神は、母を慕っていたといい、乱暴者だった。そして素戔嗚神は、天上界で暴れ天照大神に迷惑をかけたため、地上界に追放されたのである。

こうみてくれば、伊弉諾尊、伊弉冉尊の夫婦、天照大神と素戔嗚尊の対立は、はっきりと「善と悪」「聖と穢《けが》れ」に分かれていたことがわかる。

ならばなぜ、二つに分かれた神統譜は、神武天皇の段階でふたたび合流してしまったのだろうか。

本来ひとつであったものを、二つに分解し、善悪の顔をもたせるという手法は、『日本書紀』の得意とする歴史の捏造《ねつぞう》、改竄《かいざん》のトリックだ。

たとえば、蘇我氏を悪人に仕立て上げるために、聖徳太子という虚像をつくり、蘇我氏の業績をすべてかぶせ、そのうえで、聖徳太子の一族を滅亡に追い込む役割を蘇我氏にあてがうことによって、聖徳太子が「聖人」であればあるほど、蘇我氏が「悪人」になるというカラクリをつくりだした。

神話も、このトリックを応用したのではなかったのだろうか。

すなわち、本来同一だった天皇家の祖神を二つに分け、天皇家の祖を困らせる出雲神という「悪役」を用意したのではあるまいか。

そして神武天皇と出雲神との婚姻関係を用意したのは、天皇家が出雲神を丁重に扱う事実を、うまく説明する必要があったからだろう。

それでは、天皇家の祖神の反対側にいた出雲神とは何者なのだろうか。現実の「出雲

（島根県東部地方）」とは、まったく関係のない神々なのだろうか……。

そこで、これまでの常識を根底から覆す仮説を用意しておかなければならない。

問題は、天皇家の祖の正体である。筆者は神武天皇と応神天皇を同一人物とみなす。そして応神天皇は、神功皇后の子だ。神功皇后は越から出雲を経由して北部九州地方に赴き、瀬戸内海を東に向かってヤマトに戻ってきた。神功皇后はヤマトの要請で北部九州に向かったが、本来は日本海勢力の利を代弁する者であり、日本海から北部九州地方を制圧した女王であったろう。

しかも、ヤマトに戻ろうとしたときに、身内に裏切られた女王である。神功皇后（出雲）を裏切ったからこそ、彼らの恨む気持ちを恐れたのが、崇神天皇だったのではあるまいか。

ひょっとして、出雲のいわゆる「国譲り」と天孫降臨とは、「日本海の神功皇后が裏切られ、九州で一度逼塞《ひっそく》した事件」を神話化したものではなかったのではなかろうか。そしてここにいう「日本海」とは、「出雲」を指している。

すなわち、天皇家の祖神は出雲から九州を経てヤマトに迎え入れられ、神話の中で、一人二役、鏡に映った「善」と「悪」の、二役を演じていたのではないかと、筆者は言っているのである。

もちろん、このようなカラクリを用意したのは、持統天皇を天照大神に仕立て上げた、『日本書紀』の事実上の編纂者とされる、藤原不比等であろう。

第四章 天災と人災の古代史

是月、朴井連雄君奏天皇曰、臣以有私事、独至美濃。時朝庭宣美濃・尾張両国司曰、為造山陵、予差定人夫。則人別令執兵。臣以為、非為山陵、必有事矣。若不早避、当有危歟。或

有人奏曰、自近江京至于倭京、処処置候。亦命菟道守橋者、遮皇大弟宮舎人運私粮事。天皇悪之、因令問察、以知事已実。於是詔曰、朕所以譲位遁世者、独治病全身、永終百年。然今不獲已、応承禍。何黙亡身耶。

六月辛酉朔壬午、詔村国連男依・和珥部臣君手・身毛君広曰、今聞、近江朝庭之臣等、為朕謀害。是以汝等三人急往美濃国、告安八磨郡湯沐令多臣品治、宣示機要、而先発当郡兵。仍経国司等、差発諸軍、急塞不破道。朕今発路。

甲申、将入東。時有一臣奏曰、近江群臣元有謀心。必造天下。則道路難通。何無一人兵、徒手入東。臣恐事不就矣。

天皇従之、思欲返召男依等。即遣大分君恵尺・黄書造大伴・逢臣志摩于留守司高坂王、而令乞駅鈴。因以謂恵尺等曰、若不得鈴、廼志摩還而復奏。恵尺馳之往於近江、喚高市皇子・大津皇子、逢於伊勢。既而恵尺等至留守司、挙東宮之命、乞駅鈴於高坂王。然不聴矣。時恵尺往近江。志摩乃還之、

復奏曰、不得鈴也。

是日、発途入東国。事急不待駕而行之。儵遇県犬養連大伴鞍馬、因以御駕。乃皇后載輿従之。逮于津振川、車駕始至、便乗焉。是時元従者草壁皇子・忍壁皇子及舎人朴井連雄君・県犬養連大伴・佐伯連大目・大伴連友国・稚桜部臣五百瀬・書首根摩呂・書直智徳・山背直小林・山背部小田・安斗連智徳・調首淡海之類、二十有余人、女孺十有余人也。

天武元年（六七二）五月是月条

出典：『新編日本古典文学全集　日本書紀』（小学館）による。

一　天災に悩まされた日本人の歴史

地震と人災

日本列島には多くの断層があり、これは地震活動があった証拠である。日本人は、太古から地震、噴火などの災害に悩まされつづけてきた。『日本書紀』にも、いくつかの天変地異の記録がある。

たとえば地震にまつわる記事の初出は、巻第十三雄朝津間稚子宿禰天皇《おあさづまわくごのすくねのすめらみこと》（允恭《いんぎょう》天皇）の五年七月の記事だ。短く「地震《なゐふ》る」とある。ただし、これが西暦何年だったのか、正確にはわかっていない。震源も、わからない。おそらく、都に近い場所で起きたのだろう。允恭天皇といえば、「倭《わ》の五王《ごおう》」のひとりと目され、五世紀に実在した人物である。

この地震がなぜ記録されたかというと、この晩にちょっとした事件があって、多くの人の記憶に「そういえば、あの地震のとき……」と、強く焼きつけられたからかもしれない。天災と人災が、重なってしまったのだ。事件の経緯は、以下のとおり。

七月十四日、地震があった。允恭天皇はこれよりも以前、葛城襲津彦《かずらきのそつひこ》（実在すれば、四世紀末の人。『古事記』によれば、建《たけ》（武）内宿禰《うちのすくね》の子葛城曾都毘古《そつひこ》とある）の孫玉田宿禰《たまたのすくね》に、先帝反正《はんぜい》天皇の殯《もがり》を差配するよう命じていた。そして、地震のあった晩、尾張吾襲《おわりのあそ》を遣わし、殯宮の様子を視察させた。すると、みな残らず集まり、欠席者はいなかった。ただし、玉田宿禰だけがいなかった。尾張吾襲は、「殯宮の責任者である玉田宿禰がおりません」と報告した。そこで尾張吾襲を葛城の地（玉田宿禰の出身地。奈良盆地南西部）に遣わし、玉田宿禰の様子を探りに行かせた。

この日、玉田宿禰は男女を集め、酒宴を開いていた。尾張吾襲は、ここまでの経緯を玉田宿禰に説明すると、玉田宿禰は事が起きるのを恐れ、お礼の進物として馬一匹を尾張吾襲に授け、帰り道で待ち伏せし、尾張吾襲を殺してしまった。そうしておいて、建内宿禰の墓城に逃げ込んだ（建内宿禰の墓城はアジールと考えられていたようだ）。允恭天皇はこれを聞き、玉田宿禰を召した。玉田宿禰は用心して、衣の中に甲《よろい》を着込み、参向した。けれども、甲は服の端から飛び出ていた。天皇は玉田宿禰が何を考えているのかを知りたく、小墾田采女《おはりだのうねめ》（小墾田の豪族が差し出した采女）から玉田宿禰に酒を賜るように仕向けた。采女は明らかに服の下に甲を着ていることを見抜き、天皇に申し上げた。天皇は兵を挙げて玉田宿禰を殺そうと考えた。すると玉田宿禰はひそかに抜け出し、家に隠れた。天皇は兵を差し向け、玉田宿禰の家を囲ませ、誅殺《ちゅうさつ》した。

玉田宿禰だけではなく、この時代葛城氏が勃興《ぼっこう》し、天皇家を圧迫するようになっていた。このの ち現れる雄略《ゆうりゃく》天皇も、円大臣《つぶらのおおみ》（葛城氏）を殺して即位している。また、このころから、弱かった王家が、中央集権国家の建設を目指し動きだしたのも事実だ。そして、当然、豪族たちとの間に摩擦が生まれていく。この地震は、そういう混乱の始まりの予兆のように思えてくる。いずれにせよ、「日本初の地震の記録」が、人災とともに記録されていたことは、興味深い。

「推古天皇紀」はなぜ空白が目立つのか

玉田宿禰の事件から百年以上もあとの六世紀末、『日本書紀』推古《すいこ》七年（五九九）四月の条にも、地震の記録がある。

四月二十七日、地震があり家屋がことごとく倒壊した。そこで四方に命令し、地震の神を祀《まつ》らせた。

「推古紀」は、この地震の前後の情勢を、まったく伝えていない。それどころか、改めてこの女帝を巡る記述を見渡すと、不思議な思いを抱かざるをえない。推古天皇は在位三十六年で亡くなられるが、治政の前半、すなわち、聖徳太子《しょうとくたいし》が活躍したころの記述が、極端に少ないのである。

そのことに改めて気づかせてくれたのは、この地震の記事であった。推古七年の記事は、この一節と、九月一日に百済《くだら》が駱駝《らくだ》一匹、驢馬《ろば》一匹、羊二頭、白雉《しろきぎし》一羽を貢上した、とあるだけなのだ。これは、異常な事態である。

この年だけではない。推古元年（五九三）には、法興寺《ほうこうじ》（飛鳥寺《あすかでら》）の心礎《しんそ》（塔の心中の礎石）に仏舎利《ぶっしゃり》（釈迦《しゃか》の遺骨）が納められたこと、厩戸豊聡耳皇子《うまやどのとよとみみのみこ》（聖徳太子）を皇太子に冊立《さくりつ》し、摂政《せっしょう》に任じたこと、聖徳太子の人並みはずれた才能を褒め称《たた》える記事が載り、あとは、用明《ようめい》天皇を埋葬したこと、四天王寺《してんのうじ》を建てたことが記されるのみだ。

推古二年（五九四）には皇太子と大臣（聖徳太子と蘇我馬子《そがのうまこ》）に仏教を興隆させたこと、

諸臣らも競って親の恩のために寺を建立したとある。信じられない話だが、一年間の記述はこれだけだ。推古三年（五九五）は、淡路島に香木《こうぼく》が流れ着いたこと、高句麗《こうくり》の僧慧慈《えじ》が帰化し、皇太子が師事したこと、百済の僧慧聡《えそう》も日本にやってきたといい、北部九州地方に陣を構えていた将軍たちが帰郷したと記事は続く。推古四年（五九六）は、十一月に法興寺を造り終わり、蘇我大臣の子善徳《ぜんとこ》を寺司《てらのつかさ》に命じた、この日に、慧慈と慧聡を法興寺に住まわせたとある。これだけで、一年の記事は終わる。

推古五年（五九七）もひどい。四月に百済王は王子阿佐《あさ》を遣わし、朝貢した。十一月に難波吉士磐金《なにわのきしいわかね》を新羅《しらぎ》に遣わした。これで、終わる。そして推古六年（五九八）四月、難波吉士磐金は新羅から帰り、鵲《かささぎ》二羽を献上した。これを難波杜《なにわのもり》（天王寺区の生国魂神社《いくくにたまじんじゃ》か）で飼わせた。そうしたら、枝に巣を作り、子を産んだ。八月には新羅が孔雀《くじゃく》を一羽貢上した。十月、越国《こしのくに》が、白鹿を一頭献上した……。そして、推古七年の地震の記事につながっていく。いったい、推古天皇の治政の前半は、なぜ「どうでもよい記事ばかり」なのだろう。聖徳太子や蘇我馬子がもっとも活躍したであろうこの時代の記事が、ごっそり抜け落ちているように思えてならない。

これが八世紀の朝廷の恣意的《しいてき》な歴史の捏造《ねつぞう》、改竄《かいざん》とすれば、われわれは貴重な歴史を失ってしまったことになり、これこそ、人災といわざるをえない。
やはり、天災と人災は、なぜか重なってくる。

天武天皇は地震を呼ぶ男？

『日本書紀』巻第二十九天渟中瀛《あまのぬなはらおきの》真《ま》人天皇《ひとのすめらみこと》（天武天皇）の天武四年（六七五）十一月是月《このつき》の条には、「この月、大きな地震があった」とある。天武六年（六七七）五月、是月の条には、「日照りがあり、雨乞いをした」といい、これに続いて同年六月十四日には、「大きな地震があった」とある。

『日本書紀』天武七年（六七八）十二月是月の条にも、天災の記事が載る。場所は、九州だ。

この月、筑紫国《つくしのくに》で大地震があった。幅二丈（一丈は約三メートル）、長さ三千余丈にわたり地面が裂け、百姓《おおみたから》の家屋は、村ごとに多く倒れた。このとき、ある百姓の家は丘の上にあり、地震のあった晩に、丘が崩れてほかの場所に移動してしまった。けれども、家はそのまま倒れず無事であった。その家の人々は、事態が飲み込めず、翌朝になって、場所が違っていることに驚いた。

かなり巨大な地震だったようだ。『豊後国風土記《ぶんごのくにのふどき》』日田《ひた》郡《のこおり》五馬山《いつまやま》の段にも、この地震は記録されている。

五馬山（大分県日田市の盆地の南側）には昔、土蜘蛛《つちぐも》がいて、名を五馬媛《いつまひめ》といった。それで、五馬山と呼んでいる。天武七年に、大地震があり、山や丘は崩れた。この山（五馬山）のひとつの稜線が崩れ落ち、ところどころから湯が噴き出し、間欠泉《かんけつせん》となった。湯の勢いは強く、飯は早く炊《た》けた。ただ、一か所の湯は、井戸に似ていた。直径一丈ほど、深さを測ることはできなかった。水の色は紺色のようで、常に流れているわけではないが、人の声を聞けば、驚き怒り、泥を一丈あまり飛ばした。今、「怒り湯」というのは、このためだ。

間欠泉こそ今はないが、日田市に温泉は健在である。地震や火山の爆発は、人々に災難をもたらすが、その一方で、温泉という恵みをもたらしていることを、これらの記事から読み取ることができる。そして、『日本書紀』の記事を、『豊後国風土記』が裏付けていることになる。

天武八年（六七九）十月十一日、「地震があった」という短い記事があり、天武九年（六八〇）九月二十三日に「地震る」。天武十年（六八一）三月二十一日に「地震る」。同年六月十七日に雨乞いをし、二十四日に「地震る」。十一月二日に「地震る」。天武十一年（六八二）一月十九日に「地震る」。同年三月七日に「地震る」。七月十七日に「地震る」。同月二十七日、信濃《しなの》と吉備《きび》から、「霜《しも》が降り、大風が吹き、五穀が実らない」と報告があった。八月十二日、大きな地震があり、十七日にも揺れた。

そしていよいよ、天武十三年（六八四）十月には、甚大な被害をもたらした巨大地震が起きていたようだ。

十月十四日、人々が寝静まったころ、大地震が起きた。国中で男女が恐怖で叫び、われを失った。山は崩れ、川はあふれた。諸国の郡の役所や人々の倉庫、寺塔、神社の類も倒壊し、その数は計り知れない。このため、人や家畜の多くが死んだ。時に、伊予温泉《いよのゆ》（愛媛県松山市の道後温泉）が埋もれて湯が出なくなった。土左国《とさのくに》（高知県）の田畑五十余万頃《しろ》

（約一二〇〇ヘクタール）が、埋もれて海になってしまった（地盤沈下した）。古老は次のように語った。「このような大きな地震は、いまだかつて経験したことがない」。

この晩、大音声が響いた。太鼓《たいこ》のような音で、東方から聞こえてきた。ある人は、次のように語った。「伊豆島《いずのしま》（大島か）の西と北の二つの面が、自然に三百余丈広がって（隆起した）、新たにひとつの島になってしまった。すなわち、太鼓のような音は、神がこの島を造った響きだったのだ」。

これがいわゆる、「白鳳《はくほう》大地震」と呼ばれるもので、しかもこの地震には後日譚《ごじつたん》がある。土左から、次のような報告があった。

十一月三日、土左国司《とさのこくし》が、次のように伝えてきた。

「大潮が高く上がり、海水が満ちあふれ、寄せてきました。このため、調を運ぶための船が、多く転覆し、失いました」

大地震による大津波に襲われたのだろう。そしてこれは、察するところ、南海トラフ巨大地震と思われる。伊豆半島の近くで土地が隆起したということは、東海地震も誘発していたのだろうか。六世紀後半に、東海地方で大地震が起きていた可能性は、考古学者も指摘している。

天武十四年（六八五）三月是月の条には、信濃国（長野県）に「灰が降り、草木が枯れてしまった」とある。どこかの火山が噴火したのだろう。朱鳥元年《あけみとり》（六八六）一月十九日にも、「地震る」とある。

あまりにも不思議なことだが、天武天皇の崩御《ほうぎょ》は朱鳥元年九月四日のこと、その年の十一月十七日に地震があって以降、しばらく地震は起きていない。天武天皇は「壬申《じんしん》の乱」を制した風雲児だが、地震を呼び寄せる男でもあったようだ。ちょうど、地震の活動期だったのだろうか。

うがった見方をすれば、『日本書紀』の編纂者《へんさんしゃ》がわざと、天武天皇の時代に特に地震にまつわる情報を詰め込んでしまった可能性も否定できない。天変地異は「天皇の徳」と深くかかわっていると信じられていたからで、天武天皇の評価を落とそうと意地の悪い操作をしていたかもしれない。もちろん、筆者に確たる証拠があってそう言っているのではないのだが……。

「皇極天皇紀」の頻繁な天変地異

『日本書紀』に記された地震以外の天変地異は、まだいくつかある。『日本書紀』巻第十九天国排開広庭天皇《あまのくにおしはらきひろにわのすめらみこと》（欽明《きんめい》天皇）の「欽明紀」にはこうある。

欽明二十八年（五六七）に、諸国の河川があふれ、人々は飢えた。あるいは、人が人を食らうこともあった。隣の郡の穀物を運び、助け合った。

人肉を食らうという、悲惨な状況だが、これを救おうとする近隣の人々の善意を感じさせる記事である。

推古九年（六〇一）にも、水害記事が載る。

推古九年五月に、天皇は耳梨《みみなし》（耳成《みみなし》）の行宮《かりみや》（奈良県橿原《かしはら》市木原町）に滞在された。ちょうどこのとき大雨があって、川があふれ、宮に浸水した。

耳成の南方が飛鳥《あすか》だが、飛鳥川はあばれ川だった。藤原京がすぐに捨てられたのは、この地が水はけが悪かったからではないかと疑われているほどだ。おそらく、飛鳥川上流から一気に濁流が流れ込み、耳梨の宮を襲ったのだろう。

ところで、蘇我入鹿暗殺の直前の蘇我氏全盛期も、天変地異が相次いだと『日本書紀』はいう。『日本書紀』巻第二十四天豊財《あまとよたからいかし》重日《ひ》足姫《たらしひめの》天皇《すめらみこと》（皇極《こうぎょく》天皇）の「皇極紀」に記された天変地異の記事だけを拾い上げてみよう。

皇極元年（六四二）十月八日、地震があり雨が降った。九日、地震があった。この夜、また地震があって、風が吹いた。二十四日、夜中に地震があった。この月に、十月なのに夏令《なつのまつりごと》を行ったので、雲もないのに雨が降った。十一月二日、大雨が降り、雷が鳴った。五日の夜中、雷が西北の空で一度鳴った。八日、雷が西北の方角で五回、鳴った。九日、暖かく、まるで春のようだった。十日に雨が降った。十一日、春のように暖かかった。十三日、雷が北の方角で鳴り、風が吹いた。十二月一日、天候の暖かいこと、春のようだった。三日に雷が昼ごろに五度鳴り、夜にも二度ほど鳴った。二十日、雷が東北の方角で三度、鳴った。九日に雷が東で二回鳴り、風が吹き、雨が降った。二十三日、雷が夜鳴り、その音声は裂けるようにすさまじかった。三十日、天候は暖かく、春のようだった。

皇極二年（六四三）一月一日の朝、五色の大きな雲が天に満ち、覆った。ただ、東北東の空の雲は途切れていた。青一色の霧が、立ちこめた。十日、大風が吹いた。二月二十五日、霰《あられ》が降って草木を傷《いた》めた。この月に、風が吹き、雷が鳴り、氷雨《ひさめ》が降った。冬令《ふゆのまつりごと》を行ったからだ。三月二十五日、霜が降り、草木の花と葉を傷めた。この月、風が吹き、雷が鳴り、氷雨が降った。冬令をしたからだ。四月七日、大風が吹き、雨が降った。八日、風が起こり、とても寒かった。二十日、西風が吹き、霰が降り、寒かった。人は、綿の入った服を三枚重ねて着た。二十五日、近江国《おうみのくに》（滋賀県）から報告があった。「霰が降り、大きさは直径一寸もありました」。

五月十六日、月食になった。七月、この月、茨田池《まんたのいけ》（大阪府寝屋川市）の水が腐り、小さな虫が水面を覆いつくした。その虫は、口が黒く、体は白かった。八月十五日、茨田池の水は藍汁のような色になってしまった。死んだ虫が水面を覆い、溝（水路）の流れも阻まれ、死骸の厚さは三～四寸になり、大小の魚もただれ死んだような腐臭を発し、とてもではないが食べられなかった。九月になって、茨田池の水は、ようやく白色になり、臭気も消えた。十月、茨田池の水は、ようやく澄んだ。

この、一連の天変地異の記事は、本当にあったことなのだろうか。というのも、蘇我入鹿が山背大兄王《やましろのおおえのみこ》を滅亡に追い込んだのは、このすぐあとの十一月のことになり、それ以降、この類の記事がみえなくなるからである。

天変地異記事が頻出する直前の皇極元年六月と七月の記事も気になる。六月十六日、小雨が降り、この月に深刻な旱魃《かんばつ》になったと『日本書紀』はいい、以下の記事につながっていく。

七月二十五日、群臣が次のように語り合った。

「村々の祝部《はふりべ》（神職）の教えのままに、牛と馬を殺し、もろもろの神社の神を祀り、あるいは頻繁に市の場所を変え、河伯《かわのかみ》（川の神、水霊《みずち》）に祈りましたが、いまだに効き目がありません」

そこで蘇我大臣（蝦夷《えみし》、あるいは入鹿《いるか》）は答えて次のように述べた。

「寺々に大乗経典《だいじょうきょうてん》を転読させるべきだ。罪過を悔いること、仏の説かれたとおりにして、敬い、雨を乞おう」

二十七日、大寺《だいじ》（百済大寺か）の南の庭に仏と菩薩《ぼさつ》の像と四天王像《してんのうぞう》を並べ、もろもろの僧を集め、大雲経《だいうんきょう》などを読ませた（雨乞いのためである）。時に蘇我大臣は、手に香炉を持ち、焼香して発願《ほつがん》した。翌二十八日、小雨が降った。二十九日、雨を乞うことができず、読経《どきょう》はやめた。

八月一日、皇極天皇は南淵《みなぶち》（奈良県高市郡明日香《あすか》村稲渕）の飛鳥川の川上に行幸《ぎょうこう》し、跪《ひざまず》いて四方を拝み、天を仰いで祈られた。すると、雷が鳴り、大雨が降った。ついに雨が五日間降り、天下をあまねく潤した（ある本には、五日間長雨が降り、穀物が実ったという）。ここに、天下の百姓《おおみたから》は、みな万歳を唱え、皇極天皇を「徳を備えられた天皇であることよ」と称《たた》えたのである。

この説話も、現実にあったかどうか、定かではない。あまりにも、図式が明確で、信《しん》憑性《ぴょうせい》がないからだ。

「仏教よりも天皇の祈禱《きとう》のほうが験力《げんりき》があった」「蘇我氏よりも天皇家」というプロパガンダの匂いがする。蘇我本宗家の専横だけではなく、蘇我氏の仏教が役に立たなかったことを、強調したかったのだろうし、もちろん、『日本書紀』の編纂者はそのつもりで、この話をここに載せたのだろう。したがって、『日本書紀』の天変地異を巡る記事のすべてを、そのまま信用してはならないことに気づかされる。

これは余談だが、『日本書紀』がカバーしきれなかった災害を、考古学が突きとめる例もある。たとえば、六世紀半ば、榛名山《はるなさん》が大噴火を起こし、数メートルも軽石に埋もれてしまった地域があった。それが黒井峯遺跡（群馬県渋川市）で、当時の集落がそっくりそのまま発掘されたため、「日本のポンペイ」と呼ばれている。

二　人災に悩まされた古代人の歴史

ヤマト黎明期のお家騒動

古代人にとっての人災とは、戦争であるといえよう。古代最大の合戦といえば、「壬申の乱」（六七二）がすぐに思い浮かぶ。この乱の話はのちにするが、その前に、ヤマト建国ののち王家を揺るがした、いくつもの権力闘争を紹介しておこう。

神武《じんむ》天皇の崩御の直後、すでにお家騒動は勃発している。

神武天皇はヤマトに入ってから出雲神言代主神《ことしろぬしのかみ》と三島溝橛耳神《みしまのみぞくいみみのかみ》の娘玉櫛媛《たまくしひめ》を娶《めと》り、正妃とした。生まれた子は神八井耳命《かむやいみみのみこと》と神渟名川耳尊《かむぬなかわみみのみこと》（のちの綏靖《すいぜい》天皇）だ。ただし、神武がまだ日向《ひむか》にいたとき、吾田邑《あたのむら》（鹿児島県南さつま市）の吾平津媛《あひらつひめ》を娶り、手研耳《たぎしみみの》命《みこと》が生まれた。手研耳命は父とともに、ヤマトにやってきた。そして、神武天皇亡きあと、皇位継承を巡って、争いを起こしている。ちなみに、手研耳命の「タギシ」とは、形がジグザグでデコボコしたことをいい、気持ちがねじ曲がっていることを暗示しているらしい。

『日本書紀』巻第四の「綏靖即位前紀」である。

神武七十六年三月十一日に、神武天皇は亡くなった。神渟名川耳尊は四十八歳で、親を慕う気持ちが強く、喪葬のことで頭がいっぱいだった。庶兄の手研耳命は、長い間朝政に携わってきた。だから、政務を委ねていたが、性格は仁義に背《そむ》き、ついに喪の隙をついて、権力をほしいままにし、邪心を押し隠し、二人の弟を殺そうと考えた。

十一月、神渟名川耳尊と同母兄の神八井耳命は、手研耳命の気持ちを読み取り、よく防いだ。山陵の葬儀が終わると、弓削稚彦《ゆげのわかひこ》（弓削部《ゆげべ》。弓をつくる部民）に弓をつくらせ、倭《やまとの》鍛部《かぬち》天津真浦《あまつまら》に真麛《まかご》の鏃《やじり》（鹿を殺すことのできる鏃）をつくらせ、矢部《やはき》（矢作部《やはぎべ》）に矢をつくらせ、弓矢の用意ができると、神渟名川耳尊は手研耳命を殺そうと思った。たまたま、手研耳命は片丘の大室《おおむろ》（奈良県北葛城郡王寺町の穴蔵）で大床に伏せっていた。そこで神渟名川耳尊は、神八井耳命に、次のように語った。

「今が好機です。話は秘密にするのがよく、事は慎むのがよく、それで、私はこの計画を誰にも話していません。今日のことは、ただ、私とあなただけでやり遂げましょう。私がまず穴蔵の戸を開きます。あなたが射てください」

そうして、二人で進み、打ち合わせどおり、神渟名川耳尊が戸を開いた。ところが神八井耳命は、手足が震え、矢を放つことができなかった。神渟名川耳尊は、咄嗟《とっさ》に兄の持っている弓矢をもぎ取り、手研耳命を射た。まず胸に、次に背中に当たって、手研耳命を殺した。神八井耳命は弟の勇気に感服し、服従した。神渟名川耳尊に、次のように語った。

「私はあなたの兄だが、臆病で何もできなかった。今、あなたは優れて武勇に秀で、自ら悪人を誅殺した。そうであるなら、あなたが天位に上り、皇祖の業を継承するべきでしょう。私はあなたを助け、神祇《しんぎ》を奉斎しましょう」

この神八井耳命が、多臣《おおのおみ》の始祖である。

はたして、手研耳命が、『日本書紀』のいうような大悪人であったのかどうか、定かではないし、検証しようがない。ただ、手研耳命は九州の地で生まれ、神渟名川耳尊らは、ヤマトで生まれた。当然、地元の「ミウチ」たちは、神渟名川耳尊らを後押ししたであろうから、手研耳命は不利であった。

六世紀前半、越からやってきた継体《けいたい》天皇の場合も、よく似ている。継体天皇は越にいたころ、尾張氏《おわりし》の女人との間に二人の子を産んでいた（勾大兄《まがりのおおえの》皇子《みこ》、檜隈高田《ひのくまのたかたの》皇子《みこ》。のちの安閑《あんかん》天皇と宣化《せんか》天皇）。二人はのちに即位、尾張系の王家が誕生するのだが、王統は二人の兄弟で途絶える。継体天皇とヤマトの女人の間に生まれた欽明天皇の末裔《まつえい》が、最終的に王統を継いでいったのである。

「壬申の乱」前夜の緊張

古代史最大の争乱といえば、「壬申の乱」（六七二）だ。乱の経過は、ありきたりなので、むしろこの「壬申の乱」が起きるまでの緊張した場面を、詳しくみていきたい。「壬申の乱」の知られざる背景を見つめ直してみたいのである。

話は乱勃発の八年前、天智三年（六六四）まで遡《さかのぼ》る。「白村江《はくそんこう》の戦い」の翌年のことだ。この年の五月、唐《とう》の使者がやってきたと『日本書紀』にある。それには、劉仁願《りゅうじんがん》が郭務《かくむ》悰《そう》を日本に遣わし、上表文と献物を進上したというが、友好関係を樹立しに来たのではない。劉仁願は、いわばマッカーサー元帥（太平洋戦争後に日本に進駐したＧＨＱの最高司令官）のような存在で、百済に派遣された鎮将《ちんしょう》であった。そして、郭務悰は、日本を牽制《けんせい》するために差し向けられたのである。

郭務悰は一度目にはすぐに帰っていくが、天智四年（六六五）九月に再来日する。『日本書紀』によれば、九月二十三日、唐は劉徳高《とくこう》らを派遣したとある。そして、その中に郭務悰も含まれ、また、使者は全部で二百五十四人もいた、という。十二月、劉徳高らは帰っていった。これだけで、郭務悰の記事は終わらない。天智八年（六六九）是歳《このとし》の条には、驚くべき記事がある。そこには、唐の郭務悰らが、二千余人を日本へ遣わしてきた、というのである。

ただし、この『日本書紀』の記事は重複で、本来は天智十年（六七一）十一月の条の事件が本当のこととされている。

十一月十日、対馬国司《つしまのくにのつかさ》が筑紫の大宰府《だざいふ》に遣使して次のように報告してきた。

「この二日に、僧道久《どうく》や筑紫君薩野馬《さつやま》らが唐からやってきて、『唐の使者郭務悰ら六百人、送使沙宅孫登《さたくそんとう》ら千四百人、すべて足すと二千人が、船四十七隻に乗って、ともに比知島《ひちしま》（対馬と朝鮮半島を結ぶ海路上に浮かぶ巨済島《きょさいとう》の南西側の島か）に停泊し、ともに語り、今、われわれの人と船の数は多い。いっぺんにあちら（日本）に向かえば、防人《さきもり》たちが驚き、矢を射かけ襲ってくるかもしれないと言ったので、道久らを遣わして、前もって、渡海の意図を明らかにさせた』と申しております」

郭務悰らが二千人にも上る人々を引き連れて日本へやってきたのは、それなりの意味があった。というのも、新羅は唐に対し、独立戦争を始めたのだが、この年の六月から八月にかけて、唐の百済の拠点を攻め落としていたのだ。そこで、百済からの避難民も、この人数のなかに混じっていたと考えられる。ただ、郭務悰が引き連れていた六百人は、唐の軍隊であろう。問題は、郭務悰がしばらく日本に滞在したことだ。いったいなぜ、唐の軍隊が、駐留する必要があったのだろうか。

ところで、郭務悰がやってくる前後、朝廷はおおいに揺れていた。まず、その様子を『日本書紀』から追っておこう。

天智十年十月十七日、天智天皇の病は重篤となり、勅して東宮《もうけのきみ》（大海人皇子《おおあまのみこ》）が呼び出された。寝室に招き入れると、詔して「私の病は重い。のちのことはおまえに託したい」と申された。すると東宮は、再拝して、病を理由に固辞した。「願わくは、天下の大業《あまつひつぎ》は大后《おおきさき》（古人大兄皇子《ふるひとのおおえのみこ》の娘で天智天皇の正妃となった倭姫大后《やまとひめ》）に託し、大友皇子《おおとものみこ》に政務を委ねるようお願いします。私は天皇のために、出家して修行いたしたく思います」。

こう述べると、天皇は許された。東宮は立って再拝し、内裏《だいり》の仏殿の南に行き、胡床《あぐら》に座り、頭を剃《そ》り上げ、沙門《ほうし》（僧）となった。ここに天皇は、人を遣わし、袈裟《けさ》を贈らせたのである。
十九日、東宮は天皇に、吉野に行って仏道に励みたいと請われた。天皇は許された。東宮は吉野に入られた。大臣らは、菟道《うじ》（京都府宇治市）までお見送りし、帰ってきた。

この事件は、郭務悰らがやってくる直前のことだ。また、この「東宮＝大海人皇子」が吉野に去る様子は、『日本書紀』の「天武紀」に再録され、詳しい経緯が、もう一度述べられる。

それはともかく、天智天皇はこの年の十二月三日に亡くなられる。天武元年（六七二）三月十八日、天智崩御の一報が、筑紫の郭務悰に届けられた（妙に遅いような気がするが）。そして郭務悰は、この年の五月三十日に、離日する。

「壬申の乱」勃発の背景

郭務悰来日の目的は何だったのだろうか。そして、多くの兵士を率い、半年の長期滞在を続けた理由は何だったのだろうか。

まず、天智天皇の立場を考えてみよう。

「白村江の戦い」によって、天智天皇は絶体絶命のピンチに立たされた。朝鮮半島は唐と新羅の連合軍がひしめき、手を結ぶ味方がいなくなった。天智天皇は西日本各地に、多くの山城《やまじろ》を築いて防御態勢を整えた。

ただし、天智天皇は悪運の持ち主だった。唐がすぐさま日本列島に押し寄せてくれば、日本は滅亡していただろう。ところが「まず高句麗を攻める」と唐が決断したこと、高句麗滅亡後、今度は唐の同盟国新羅が、朝鮮半島の独立を夢みて、唐に反旗を翻したのだ。このため、天智天皇は九死に一生を得ただけではなく、唐は日本を味方に引き入れようと考えたはずで、もちろん、天智天皇も、藁《わら》にもすがる思いで、唐の申し出に飛びついたであろう。

ではなぜ、唐は郭務悰に軍団を授け、日本に向かわせたのだろう。そこで、「天武紀」に示された、「壬申の乱」直前の記事に、注目してみよう。

即位四年（天智十年のこと）の十月十七日、天智天皇は病の床に伏せっていた。激しい苦痛に見舞われていた。ここに、蘇我安麻呂《そがのやすまろ》を遣わして、東宮（大海人皇子）を召して、大殿に引き入れられた。もともと安麻呂は、東宮と親しかった。そこでひそかに、東宮を顧みて「言葉にご注意ください」と申し上げた。東宮は、何か謀略めいたことがあると察し、用心した。天皇は東宮に勅して、大業を授けると告げた。ところが東宮はこれを拒み、「不運なことに、私はもとから病気がちで、国家を保つことができません。どうか天下を皇后にお預けください。そのうえで、大友皇子を立てて皇太子にされるがよいでしょう」と申し上げた。天皇はこれを許された。その日のうちに、東宮は出家して袈裟をまとい、武器を捨て、官司《かんし》に納めたのだった。

十九日に東宮は吉野宮に入った。このとき、左大臣蘇我赤兄《あかえ》、右大臣中臣金《なかとみのかね》、大納言蘇我果安《はたやす》らは、菟道までお見送りした。ある人は「虎に翼をつけて放してしまった」と嘆いた。この晩、飛鳥の島宮《しまのみや》（島の地名は、蘇我馬子の邸宅があった場所。邸宅には飛鳥川から水が引き込まれ、池があって島を造った）に泊まられた。

二十日、吉野に到着し、このとき、もろもろの舎人《とねり》を集めて、次のように申された。

「私は今から仏道に入り修行をする。そこで、一緒に修行をしたいと思う者はとどまれ。もし、朝廷に仕えて出世したいという者は、遠慮なく都に戻り、朝廷に仕えよ」

ところが、退く者はいなかった。念のためにもう一度同じ詔《みことのり》を出すと、舎人たちの半分はとどまり、半分は退いた。

十二月、天智天皇は崩御された。

このあと、三月に郭務悰に天智の崩御が知らされ、同年五月三十日、郭務悰は離日した。この直後、大海人皇子が吉野を離れ、「壬申の乱」が勃発したと記述は続く。

このタイミングは、無視できない。郭務悰は軍隊を率い、北部九州地方に駐屯《ちゅうとん》し、天智天皇を後押ししていたのではなかったか。つまり、大海人皇子を牽制するために、郭務悰は来日したのであり、大海人皇子が出家し、吉野に逼塞《ひっそく》したまま動く気配がないのを確認したうえで、離日したのではなかったか。

大海人皇子の側からみれば、死んだふりを吉野でして、天智天皇の崩御を待ち、そして郭務悰が日本を離れた瞬間、東国に逃れたのではなかったか。

そこで、郭務悰が離日した直後の記述を、以下に追ってみよう。

この月（五月）に、朴井雄君《えのいのおきみ》が天皇（大海人皇子。このあと即位して天武天皇となる）に奏上した。

「私は私用があって美濃《みの》にひとりで訪れました。すると、朝廷は美濃、尾張の二つの国司に『山陵を造るために、あらかじめ人夫を用意しておくように』と命じておりました。ところが、一人ひとりに武器を持たせております。私が思いますに、山陵を造るというのは口実で、実際には徴兵です。かならず事は起きるでしょう。もし、早く避難しなければ、まさに身を危うくします」

また、ある人は次のように奏上した。

「近江京《おうみきょう》（滋賀県大津市）から倭京《やまとのみやこ》（飛鳥）に至るまで、ところどころに見張りの兵がおります。また、菟道の橋守に命じて、皇大弟《もうけのきみ》（大海人皇子）の宮の舎人が食料を運ぶことを止めております」

天武天皇はいやな予感がして、調べさせた。すると、やはり本当だった。そこで、次のように詔した。

「私が皇位を譲り遁世《とんせい》したのは、ひとりで病を治し天寿をまっとうしようと思ったからだ。ところが、今、やむをえず災禍《さいか》を受けようとしている。なぜこのまま、黙って身を滅ぼすことができよう」

六月二十二日、村国男依《むらくにのおより》、和珥部君手《わにべのきみて》、身毛広《むげつのひろ》に、

「今聞くところによると、近江の朝廷の人たちは、私を害そうと謀っているという。これ

をもって、おまえたち三人は、急いで美濃国に行き、安八磨郡《あはちまのこおり》（濃尾平野北西部）の湯沐令《ゆのうながし》多品治《おおのほむじ》に、要点を伝え、まず郡の兵を起こすことを命じよ。国司たちを通して、諸軍を徴発し、急ぎ不破道《ふわのみち》（関ケ原《せきがはら》）をふさげ。私はこれから出立する」

と詔した。

二十四日、天皇は東に向かおうとされた。時にひとりの臣が、

「近江の群臣たちは、もとから謀《はかりごと》を腹に秘めています。かならずその謀略は天下に至り、道を行くのは大変でしょう。なぜひとりの護衛の兵もいないのに、素手で東国に入ることができるでしょう。失敗するのではないかと恐れます」

と奏上した。

天武天皇はこの諫言《かんげん》をお聞き入れになり、村国男依らを呼び返そうと考え、留守司《とどまりまもるつかさ》（倭京の守備をする司）の高坂王《たかさかのおおきみ》のもとに大分恵尺《おおきたのえさか》や逢志摩《おうのしま》らを送って、駅鈴《うまのすず》（駅馬を自由に使用するための鈴）を求めさせた。そして、恵尺らに、「もし鈴を得たら、すぐに志摩はそれを報告するために戻ってこい。恵尺は近江に赴き、高市皇子《たけちのみこ》と大津皇子《おおつのみこ》を召し、伊勢《いせ》に向かわせろ」と命じられた。恵尺らはさっそく留守司のもとに至り、東宮（大海人皇子）の命令を高坂王に伝えた。ところが、高坂王は言うことをきかない。そこで恵尺は、

急いで近江に向かった。志摩は吉野に戻り、「鈴は得られませんでした」と報告したのである。

この日に、大海人皇子（のちの天武天皇）の一行は、東国に向かって出立した。

駅鈴を獲得できなかったということは、大海人皇子に怪しい動きのあることは、近江朝に知れるだろう。あわてて、大海人皇子は東国に逃れたと、『日本書紀』はいう。

緊迫した場面である。そして、ここで強調しておきたいのは、やはり、郭務悰の離日と「壬申の乱」勃発のタイミングが、あまりにもぴったりと重なってくることである。

吉野の山奥に隠棲《いんせい》していた大海人皇子に、どうして情報が伝わったのかという謎もある。けれども、こののち近江朝は筑紫大宰《つくしのおおみこともち》の栗隈王《くりくまおう》に、加勢の要請をしたが断られている。拒まれたら殺せと命じられていたが、逆に威圧された様子をみると、栗隈王は最初から大海人皇子に荷担していたのだろう。だから、郭務悰が離日したという情報は、ひょっとすると近江朝よりも先に、大海人皇子が受け取っていたかもしれない。

さらに、この「壬申の乱」に際し、蘇我氏がこぞって大海人皇子に荷担したこと、中臣鎌足が大海人皇子の即位を阻止しようと考えていたことは、すでに他の拙著の中で、何度も語ったとおりだ（拙著『平城京は古代豪族の墓標だった』宝島社新書を参照）。

また、大海人皇子は「壬申の乱」を制し即位すると、皇親政治《こうしんせいじ》（皇族だけによる独裁政治）を断行し、律令制度の整備に邁進《まいしん》した。

都を飛鳥に遷した。この地はもともと蘇我氏の地盤である。天武天皇は蘇我系の王朝なのである。

これら一連の動きは、天武天皇が中大兄皇子と中臣鎌足の邪魔立てによって停滞していた蘇我氏の遺業を、継承した皇太子であることを意味していた。「壬申の乱」こそ、改革事業のための、古代最大の戦乱だったのである。これに勝利した天武天皇は、蘇我的な律令制の完成を急ぐ。

天災は、もしかしたら人災も、忘れたころにやってくる。このあとにも驚天動地の大事件、大政変が起こるが、ひとまずここで筆を擱《お》くことにする。

あとがきにかえて

もし無人島に一枚だけＣＤを持っていってよいといわれたら、ベートーベンの交響曲、五番と九番どちらにするか、おおいに悩むことだろう。

けれども、一冊だけ本を持っていけるとしたら、迷わず『日本書紀』を選ぶ。繰り返し読むたびに、新たな発見があって、これほど興奮する本は他に例をみない。

もちろん、七世紀の記事は読み飽きないが、神話も捨てがたい。

神話は天皇家の歴史を飾るためのプロパガンダだと、強く信じられている。しかし、『日本書紀』の態度は奇妙なのだ。というのも、「どれが本当の神話なのか、さっぱりわからない」からだ。

まず第○○段の「本文」があって、ひととおり神話が語られると、「一書第○○」と、次から次と、別伝が並べられている。本文と似た内容だったり、あるいはまったく違う話が出てくる。編纂者の歴史家としての良心を信じるべきなのだろうか。「調べてみたら、こんなにたくさん神話が出てきてしまった」と頭を抱える、素直な役人たちだったのだろうか。

しかし、どうも、何かが変だ。天皇家の歴史を輝かしいものにしたかったのなら、『日本書紀』編纂者は、神話の筋に整合性をもたせるべきであったし、そうするのが普通ではなかったか。もちろん、日本中至る土地に、いろいろな神様がいて、多様な神話が散らばっていたことは間違いない。しかし、八世紀の段階で、国家の責任で神話をまとめる作業が必要とされていたはずなのだ。中央集権国家の頂点に立つ天皇の権威を高めるためにも、王家の正統性を証明する神話が求められていたのである。

ではなぜ、『日本書紀』は神話を統一できなかったのか。

それは、ヤマト建国の歴史を神話に封印してしまう一方で、真相を悟られないために、多くの神話をミックスして、ごまかしたということだろう。

古代史の真相を探るという狙いが、結果的には、『日本書紀』の超訳という難題に挑戦したことになった本書が、みなさんの古代史理解の一助になればと願う。

最後になりましたが、執筆にあたり、宝島社の佐藤文昭編集長、共同研究者で歴史作家の梅澤恵美子氏にご尽力、ご協力いただきました。改めてお礼申し上げます。

平成二十三年七月　著者

【著者紹介】

関 裕二（せき・ゆうじ）

歴史作家。1959年、千葉県生まれ。『平城京は古代豪族の墓標だった!』（宝島社新書）、『なぜ「万葉集」は古代史の真相を封印したのか』（じっぴコンパクト新書）、『蘇我氏の正体』『藤原氏の正体』『物部氏の正体』（以上、新潮文庫）、『古代史はどうして謎めくのか』（新人物文庫）、『「祟る王家」と聖徳太子の謎』(講談社+α文庫)、『王剣強奪』（芸文社）など著書多数。

捏造だらけの『日本書紀』

（ねつぞうだらけの『にほんしょき』）

2011年7月25日　第1刷発行

著　者　　関 裕二

発行人　　蓮見清一

発行所　　株式会社 宝島社

〒102-8388　東京都千代田区一番町25番地
電話：営業 03 (3234) 4621
　　　編集 03 (3239) 0646
http://tkj.jp
振替：00170-1-170829 ㈱宝島社

印刷・製本：中央精版印刷株式会社

ISBN978-4-7966-8353-1